Richard Walz & Marco Sander

Gewohnheiten mit System ändern

Für Fragen, Anregungen oder weitere Informationen:
www.gewohnheit-coaching.de

Satz: Leonie Krickhuhn

ISBN-Nummer: 978-3-948344-00-9

Verlag: Education Punk ltd.

Inhaltsverzeichnis

Vorwort

Wie aus Berufung, Erfahrung und Leidenschaft dieses Buch entstand

Warum haben wir dieses Buch gemeinsam geschrieben?

Ich, Richard Walz, veröffentlichte im Jahr 2017 mein erstes Buch, das beschreibt, wie ein erfolgreiches Verkaufsgespräch geführt wird. Die Resonanz zeigte mir, dass meine Leser zwar verstanden haben, wie ein solches Gespräch aufgebaut wird, jedoch lag die größte Herausforderung darin, dieses Wissen in tatsächliches Verhalten umzuwandeln. Für eine nachhaltige Veränderung sollte der Leser die Verkaufsstrategien auch gewohnheitsgemäß im Alltag anwenden.

Vielen Lesern stellte sich jedoch die Frage: Wie baut man Gewohnheiten auf, behält diese bei und verinnerlicht sie auch?

Mit dieser Fragestellung wurde Anfang 2019 die Idee für mein zweites Buch geboren. Mit der Motivation, dieses Buch auf eine einfache und wissenschaftliche Art zu schreiben, begab ich mich auf die Suche nach einem Spezialisten für Gewohnheiten. Die Aufgabe des Spezialisten sollte sein, mit seinem psychologischen Fachwissen dieses Vorhaben zu unterstützen.

Schnell wurde ich auf den international arbeitenden Psychologen Marco Sander aufmerksam und fand damit meinen zweiten Buchautor, der sein Studium der Psychologie mit dem Masterabschluss an der Maastricht University absolvierte. Seine Erkenntnisse bezüglich Gewohnheiten und das Definieren und Finden von sinnhaften Zielen vermittelt Marco Sander bereits seit Jahren auf seinem YouTube-Kanal "Marco Sander". Durch das Coachen mehrerer hundert Menschen weltweit entwickelte er sich damit mittlerweile zum Experten. Mit der Zeit erkannte er, dass seine Klienten, die eine Gewohnheit verändern wollten, immer wieder vor denselben Hindernissen standen. Durch seine fachliche Kompetenz bewies er in zahlreichen Beratungen, wie leicht diese Hindernisse überwunden werden können.

Mit der Expertise von Marco Sander kam das Vorhaben auf ein neues Level: Wir wollten nun ein Buch für alle Menschen schreiben, die ihre Gewohnheiten verändern möchten. Der Wert dieses Buches zeichnet sich dadurch aus, dass nicht nur die Praxiserfahrungen, sondern auch die neurowissenschaftlichen Erkenntnisse es dem Leser leicht machen, Gewohnheiten mit System zu ändern.

Aus dem Wissen zweier Experten wurde ein Buch – und es entstand eine Freundschaft, verbunden mit dem Auftrag, Menschen zu unterstützen und damit deren Leben ein Stück weit lebenswerter zu machen.

Damit du nun dieses Buch in der Hand halten kannst, brauchte es noch weitere Personen. Viele Menschen unterstützten uns in und bei unserem Vorhaben. Sie wirkten an diesem Projekt mit, indem sie ihr Fachwissen sowie ihre Erfahrungen mit Leidenschaft preisgaben.

Wir bedanken uns bei allen "Test- und Korrektur-Lesern", die unser Manuskript auf Lese-freundlichkeit und Verständlichkeit hin untersucht haben. Ihr Feedback war für die finale Entstehung des Gesamtwerkes – und uns persönlich – sehr wichtig. Besonders hervor-heben möchten wir Theresa Schweizer, Nicola Münstermann, Fabiano Abreu Ott, Danny Mrša, Jakob Manthei, Arne Schick, Dorothee Krebber und Christian Koch.

Besonderen Dank sprechen wir unseren Lektoren Ilona Sander, Dr. Günther Riedl und Hannah Krebber aus, die uns über den gesamten Zeitraum der Entstehung dieses Buches tatkräftig unterstützten. Deren Stärken sind die Auffassungsgabe für komplexe Zusammenhänge, die Leidenschaft zur Germanistik, Linguistik und zum Detail sowie ihre Scharfsinnigkeit.

Die Macht der Gewohnheit

Gewohnheiten bestimmen unser Leben.
Sie entscheiden über unsere Erfolge und Misserfolge in allen Lebensbereichen.Doch was ist eigentlich eine Gewohnheit? Die meisten von uns wissen, wofür das Wort steht und was es bedeutet. Doch bei genauerer Betrachtung stellt man fest, dass sich dahinter noch viel mehr verbirgt.

In unserem Buch beschreiben und betrachten wir Gewohnheiten aus einer sehr pragmatischen Sichtweise, gepaart mit wissenschaftlichen Erkenntnissen. Hier lernst du, schlechte Gewohnheiten abzulegen und neue zu entwickeln, um diese in deinem Leben langfristig zu etablieren. Betrachte dieses Buch als Anleitung, um neue Gewohnheiten selbstbestimmt aufzubauen.

Unser Ziel ist es, dich auf deinem Weg der Veränderung zu begleiten.
Die größte Herausforderung wird jedoch sein, die neuen Gewohnheiten automatisch – und damit langfristig – in dein Leben zu integrieren. Dafür ist ein gewisses Maß an Durchhaltevermögen unbedingt erforderlich.
Denke einmal an die guten Vorsätze zum Jahreswechsel. Wie oft verwerfen wir unsere gesteckten Ziele allzu schnell und geben auf! Doch mit der richtigen Strategie und Einstellung gelingt es auch dir, die Herausforderung anzunehmen und zu meistern.

Der Weg deiner Veränderung kann in folgendem Schaubild dargestellt werden:

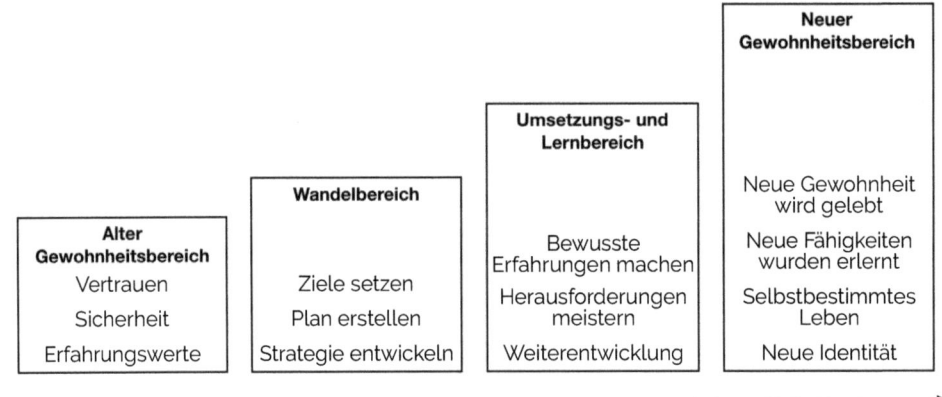

Weg der Veränderung

Gewohnheiten können dein Leben *nicht* von heute auf morgen ändern, aber eine wichtige Entscheidung kann dein Leben durchaus grundlegend verändern.

Mit einem entschiedenen "Nein" zu all dem, was dich aufhält, gepaart mit einem entschiedenen "Ja" zu all dem, was dir hilft, dein Potential zu entfalten, gibt dir die Möglichkeit, dein Leben neu zu gestalten.

"Du bist, was du für gewöhnlich tust."

Durch Loslassen negativer Gefühle von Trägheit, Angst, Zweifel (oder anderen negativen Gedanken und Emotionen) wirst du dich automatisch zu deinem neuen Ich hinbewegen. Das ist der Moment, in dem die Weichen gestellt werden. Du veränderst deine Denkweise und agierst folglich nicht mehr wie früher.
Vielleicht gehst du etwas positiver durch den Tag, nutzt deine Zeit besser, trittst fremden Menschen offener gegenüber, traust dir mehr zu, achtest mehr auf dich oder kreierst etwas Neues in dieser Welt.

Neue Gewohnheiten sollen dich persönlich stärken und weiterentwickeln. Finde dabei deine eigenen, neu erwünschten Gewohnheiten heraus und übernimm auf keinen Fall die Wünsche und Vorsätze deines Umfelds. Nur so wirst du auch das Leben führen, das du dir vorstellst. Die Annahme neuer Gewohnheiten wird dir sichtlich leichter fallen, wenn du deine eigenen Ziele und Wünsche konsequent verfolgst. Denk daran, dass jeder Einzelne seine individuellen Bedürfnisse hat und sich unser Potenzial unterscheidet. Vielleicht kann dir der Gedanke "Stärken *stärken* und nicht Schwächen *schwächen*" helfen, um deine neuen Gewohnheiten zu finden.

Eine Veränderung beginnt immer bei und in dir selbst. Das Schöne dabei ist: Du besitzt zu 100 % Verantwortung und Kontrolle über dein eigenes Verhalten und deine Gedanken. Natürlich gibt es Dinge, die du nicht beeinflussen kannst. Aber selbst hier kannst du darüber bestimmen, wie du damit umgehen möchtest.

"Wenn du willst, dass sich etwas ändert, dann musst du zuerst dich selbst ändern."

Niemand wird von heute auf morgen erfolgreich. Hinter jedem Erfolg stecken meist jahrelange Vorbereitung und hartes Training. Auch eine Gewichtsreduktion erfordert lange und ausdauernde Arbeit wie etwa regelmäßigen Sport und gute, gesunde Ernährungsgewohnheiten, die stetig überprüft, verbessert und/oder beibehalten werden müssen.
Auch ein Menschenkenner, dem es leicht fällt, mühelos mit verschiedenen Menschen zu kommunizieren und Spaß dabei hat, wird nicht von heute auf morgen geboren.
Die wenigsten Menschen denken plötzlich positiv und werden wie durch ein Wunder zu wandelnden Optimisten.

Gewollte nachhaltige Veränderungen erfordern Weitsicht.

Aus der Psychologie wissen wir, dass Menschen in der Regel überschätzen, was sie an einem einzigen Tag erreichen können – aber *unter*schätzen, was sie in einem Jahr erreichen *könnten*. Es ist überhaupt nicht nötig, dich jeden Tag aufs neue zu zwingen und ständig 100 % motiviert zu sein.

Viel wichtiger ist es, strategisch vorzugehen und zu überlegen, welche Gewohnheiten dir helfen, dich genau in die Richtung zu entwickeln, in die du selbst gerne wachsen möchtest.

Stell dir einmal vor, du würdest die nächsten 3 Jahre beispielsweise...

• jeden Monat ein Buch lesen
• 3x die Woche Sport treiben
• jeden Morgen 20 Minuten meditieren
• jeden Tag eine Stunde an deinem eigenen Projekt arbeiten
  ...oder eine andere (beliebige) positive Gewohnheit aufbauen.

- Wie würdest du dich fühlen?
- Wie würdest du aussehen?
- Wie würdest du denken?
- Wie würdest du auf andere wirken?

Deine Veränderung geschieht dabei stetig, Schritt für Schritt. Ein guter Tag führt zu einer guten Woche, diese zu einem guten Monat, dieser zu einem guten Jahr, und ein gutes Jahr führt zu einem guten Leben. Sobald du deine Gewohnheit stabilisiert hast, wird es dir leichter fallen, diese auch aufrechtzuerhalten.

"Motivation bringt dich in Gang, Gewohnheit bringt dich voran."

Viele Menschen leben in dem Glauben, man müsse leiden, um etwas zu erreichen. In ihrer Welt ist das die Realität.

Stell dir vor, wir würden dir sagen, dass es auch ohne großes Leid funktioniert – wäre das nicht schön? Dafür sind allerdings Weitsicht und Strategie gefragt.

Genau das vermitteln wir dir hier in und mit diesem Buch.

"Die Menschen, die darin versagen zu planen, planen zu versagen."

Alles was du bist und bisher in deinem Leben getan hast, hatte einen Sinn.

Es gibt eine gute Erklärung dafür, wie,, warum und was du in der Vergangenheit gedacht und gehandelt hast. Die Wertschätzung deiner alten Verhaltens- und Denkmuster ist uns wichtig, denn nur so kannst du loslassen und deinen Blick auf das Neue richten.

Die Veränderung braucht jetzt deine volle Aufmerksamkeit. Aber auch die alten Denkmuster sollte man nicht verdammen. Sie hatten in deinem früheren Ich ihre Berechtigung und waren hilfreich. Wenn du deine alten Denkmuster wertschätzt und in Liebe loslässt, werden sie dich stärker machen.

„Der Mensch kann nicht zu neuen Ufern aufbrechen, wenn er nicht den Mut aufbringt, die alten zu verlassen."

Gleichzeitig kommt es oft durch die neu erlangte Struktur und unser verändertes Verhalten zu bisher unbekannten Situationen, auf die wir uns einlassen müssen. Wir begleiten dich auf diesem Weg und geben dir eine Anleitung, wie du dein Ziel effektiv und nachhaltig erreichst. Dieses Buch gibt dir einen Leitfaden an die Hand, wie du dein persönliches Ziel der Verhaltensveränderung planen und anstreben kannst: Schritt für Schritt.

„Jede Reise beginnt mit einem ersten Schritt."

Unser Ratgeber besteht aus drei Teilen:

1) Analyse der Gewohnheiten
Zunächst teilen wir mit dir den wissenschaftlichen Hintergrund von Gewohnheiten, damit du dir ein Grundverständnis für das Thema aneignest. Darauf aufbauend schaffen wir ein Bewusstsein für deine momentanen Gewohnheiten mit den zu Grunde liegenden Mechanismen. Dieses Bewusstsein ist für die Zielsetzung essentiell, aber auch für das Erstellen einer Strategie deiner Veränderung.

2) Zielbestimmung
Anschließend wirst du dich für eine spezifische Gewohnheit, welche du verändern möchtest, entscheiden. In diesem Teil des Buches setzen wir aus psychologischer Sicht ein motivierendes Ziel und festigen dieses.

3) Werkzeuge
Nachdem du dir bewusst darüber bist, an welchem Punkt du momentan stehst und wo genau du dich hinbewegen möchtest, ist es Zeit, eine Strategie zu erarbeiten: Wie kann deine Veränderung am besten funktionieren? Im dritten Teil des Buches geben wir dir eine Reihe verschiedener Tipps und Tricks an die Hand, welche in 3 Kategorien aufgeteilt sind. Hier kannst du dich beliebig bedienen und dir deine Strategie individuell zusammenstellen.

Das folgende Bild gibt dir eine Übersicht des kompletten Buches mit all seinen Kapiteln:

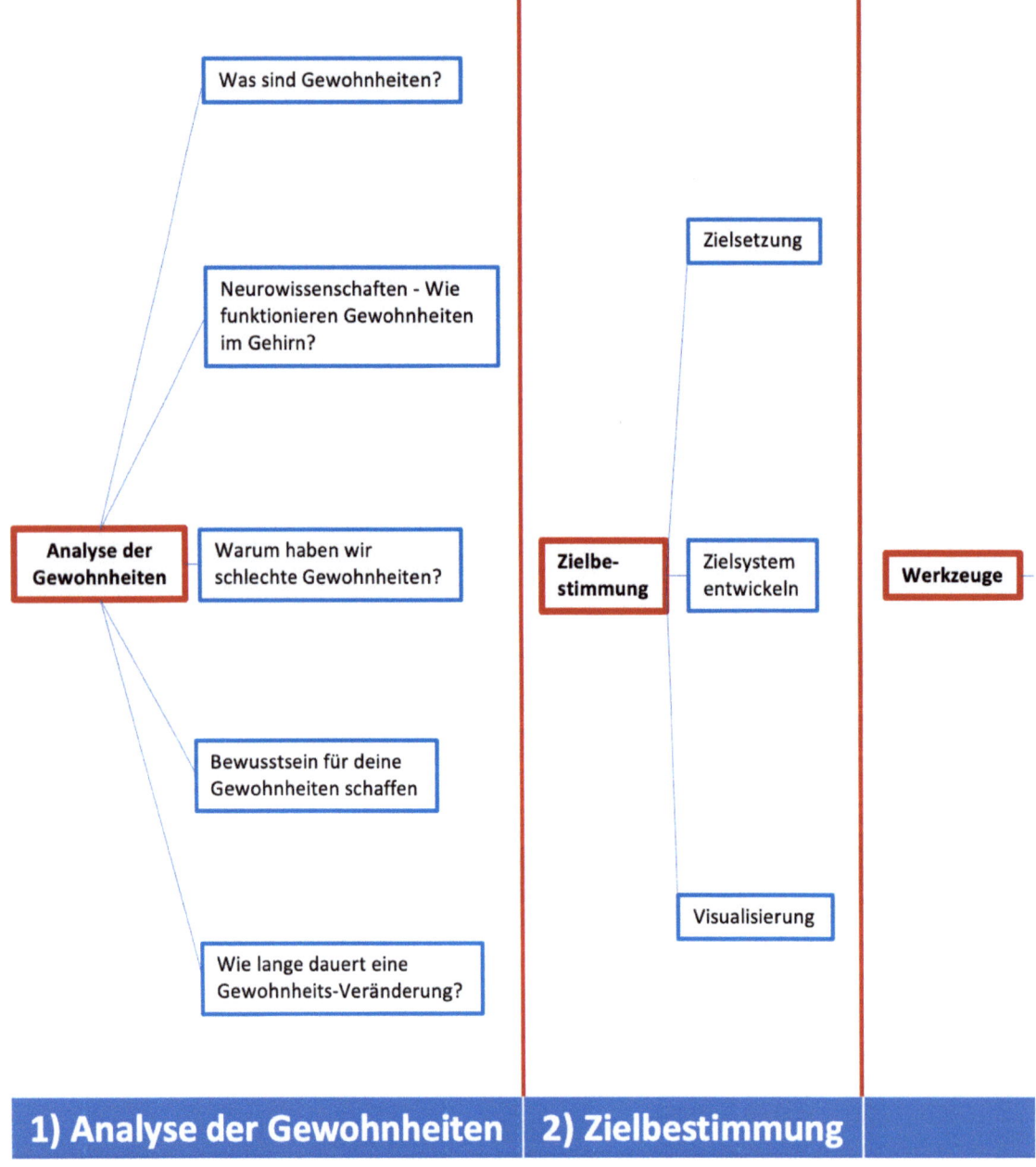

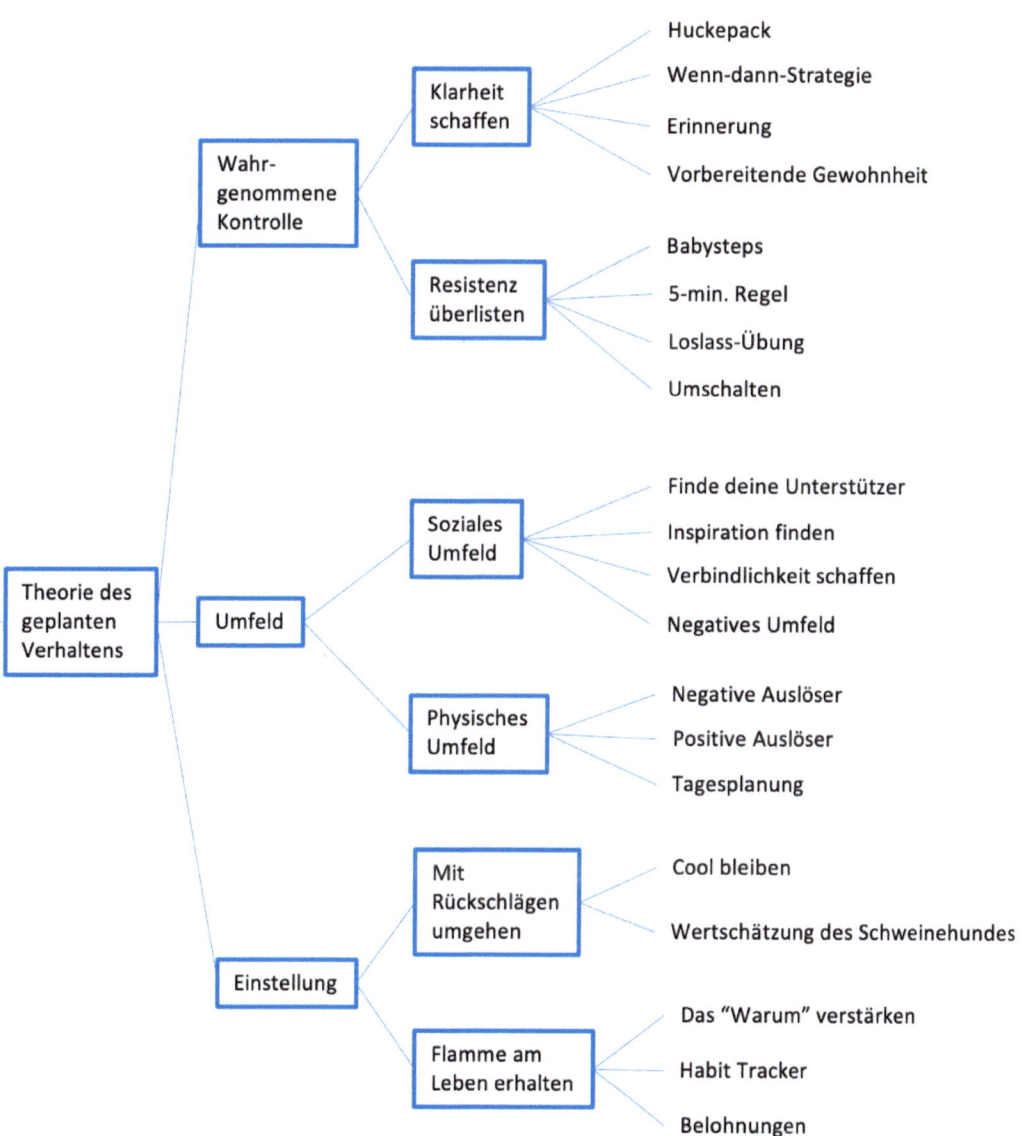

Theorie des geplanten Verhaltens

- Wahr-genommene Kontrolle
  - Klarheit schaffen
    - Huckepack
    - Wenn-dann-Strategie
    - Erinnerung
    - Vorbereitende Gewohnheit
  - Resistenz überlisten
    - Babysteps
    - 5-min. Regel
    - Loslass-Übung
    - Umschalten
- Umfeld
  - Soziales Umfeld
    - Finde deine Unterstützer
    - Inspiration finden
    - Verbindlichkeit schaffen
    - Negatives Umfeld
  - Physisches Umfeld
    - Negative Auslöser
    - Positive Auslöser
    - Tagesplanung
- Einstellung
  - Mit Rückschlägen umgehen
    - Cool bleiben
    - Wertschätzung des Schweinehundes
  - Flamme am Leben erhalten
    - Das "Warum" verstärken
    - Habit Tracker
    - Belohnungen

3) Werkzeuge

Dieses Buch ist zudem auch ein Arbeitsbuch, deshalb räumen wir dir genügend Platz für eigene Notizen ein. Wir empfehlen dir jedoch *nicht*, zuerst alles einmal durchzulesen und erst im zweiten Schritt an deiner Veränderung zu arbeiten.

Wichtig ist: Plane deine Veränderung bereits während des Lesens.

Setze deine Gedanken direkt um.

Lies nicht nur, sondern arbeite auch mit und in dem Buch.

Beim Schreiben war es uns sehr wichtig, dass wir die wesentlichen Informationen und Tipps einarbeiten.

Solltest du weitere Informationen zum Thema Gewohnheiten benötigen, besuche unsere Website: www.gewohnheit-coaching.de

Wir wünschen dir viele gute, wertvolle Erkenntnisse und positive Veränderung auf deinem Weg!

Teil 1: ANALYSE DER GEWOHNHEITEN

1) Was sind Gewohnheiten?

Der Gewohnheits-Kreislauf

Jede Gewohnheit kann mit folgendem Kreislauf erklärt werden:

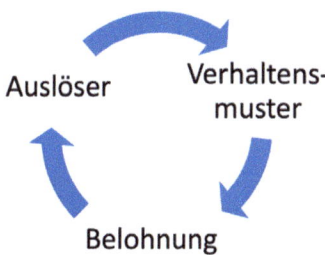

Eine Gewohnheit ist ein System, in dem ein *bestimmter* Auslöser ein bestimmtes Verhalten automatisch hervorruft. Es ist also eine *erlernte Auslöser-Verhaltens-Assoziation*.

Zusätzlich folgt auf dieses Verhalten eine Art Belohnung. Diese Belohnung ist der Grund dafür, weshalb ein Mensch gelernt hat, auf eine bestimmte Art und Weise automatisch auf einen bestimmten Auslöser zu reagieren.
Dieser einfache Kreislauf steckt voller Weisheit, anwendbarer Tipps und Tricks, wie du deine Gewohnheit beliebig verändern, ablegen oder aufbauen kannst.

Zunächst aber ein Beispiel, um den Gewohnheits-Kreislauf näher zu verstehen:

Theresa studiert Medizin und muss demzufolge viele Sachbücher lesen. Eine schlechte Gewohnheit, die die Studentin aufgebaut hat, ist es, häufig Zeit mit ihrem Handy zu verschwenden. Gerade wenn sie viel zu tun hat, lässt sich Theresa gerne ablenken und ist auf verschiedenen Social-Media-Kanälen unterwegs.
Der Gewohnheits-Kreislauf lässt sich hier wunderbar anwenden:

Wenn sich Theresa gestresst fühlt (Auslöser), greift sie gerne nach ihrem Handy und entspannt (Verhalten), was ihr für den Moment ein besseres Gefühl gibt – zumindest vergisst sie für einen kurzen Zeitraum ihren Stress (Belohnung). Natürlich hat Theresa verschiedene Seiten in sich, denn sie fühlt sich dabei gleichzeitig auch etwas schuldig, da sie weiß, dass noch viel Arbeit vor ihr liegt. Dennoch ist die Versuchung oft zu groß. Gerade weil sie diese gemischten Gefühle in sich trägt und sich nicht permanent ablenken lassen möchte, will sie diese schlechte Gewohnheit loswerden.

Natürlich können wir den Gewohnheits-Kreislauf auch auf positive Gewohnheiten anwenden: Sophia steht jeden Morgen um 7 Uhr auf (Auslöser) und setzt sich zuerst einmal auf ihr Kissen, um 20 Minuten zu meditieren (Verhalten). Nach dem Meditieren fühlt sie sich fokussiert und empfindet eine innere Ruhe in sich (Belohnung).
Der Auslöser für das Meditieren ist dabei essentiell. Wenn sich Sophia als Ziel gesetzt hätte, irgendwann am Tag zu meditieren, hätte sie es vermutlich häufig einfach vergessen oder vor sich hergeschoben.

Gewohnheiten können darüber hinaus auch Unterlassungen von Handlungen sein.
Beispiele dafür sind:

• zu wenig Schlaf
• zu wenig Flüssigkeit
• Frühstück ausfallen lassen

Aber auch hier kommt der Gewohnheits-Kreislauf mit Auslöser, Handlung und Belohnung zum Tragen. Als Beispiel nehmen wir "zu wenig Schlaf". Ben möchte eigentlich ins Bett gehen, ist aber noch nicht müde (Auslöser). Er schaut sich jetzt lieber einen Film an (Verhalten). Dabei liegt er gemütlich im Bett oder auf dem Sofa und entspannt (Belohnung). Weshalb es sich bei einem Schlafdefizit um eine schlechte Gewohnheit handelt, realisiert man spätestens am nächsten Morgen, wenn der Wecker klingelt und die Müdigkeit quält.

Positive und negative Beispiele des Gewohnheits-Kreislaufs:

Auslöser	Verhaltensmuster	Belohnung
Stress	Rauchen	Kurzfristige Entspannung
Von der Arbeit nach Hause kommen/Feierabend	Umziehen und Sport treiben	Gefühl von Balance und Selbstbestimmung
Ins Auto einsteigen	Anschnallen	Kein Piepsen + Sicherheit
Mit einer attraktiven Person in einem Raum sein	Kontakt/Ansprache vermeiden, ausweichen	Keine potenzielle Blamage
Wecker klingelt	Glas Wasser trinken	Erfrischendes und gesundes Gefühl
Jemand kommt zu spät	Ärger	"Dampf ablassen"

Diese Auflistung zeigt dir deutlich, dass jede Gewohnheit nach demselben Muster abläuft. Das jeweilige automatische Verhaltensmuster (als Reaktion auf einen Auslöser) wurde erlernt. Das bedeutet, dass du diese Reaktion selbst verändern und eine Musterunterbrechung eigenständig hervorrufen kannst. Lernen kostet immer Energie. Doch wenn du die Veränderungen deiner Gewohnheiten klug angehst, wird es leichter sein als gedacht.

Gehen wir nun etwas tiefer auf die drei Aspekte des Gewohnheits-Kreislaufs (Auslöser – Verhaltensmuster – Belohnung) ein und lernen bereits die ersten anwendbaren Tipps für deine Veränderung kennen.

Betrachte dieses Buch auch als eine Art „strategisch aufgebautes Arbeitsbuch". Wir werden dich zum richtigen Zeitpunkt auffordern, diese Handlungsschritte in deine eigene Strategie mit einzubauen, welche dir dabei hilft, deine Gewohnheit aufzubauen – aber alles zu seiner Zeit. Zunächst schaffen wir ein Verständnis für Gewohnheiten und definieren gemeinsam, an welchem Punkt du momentan stehst, setzen ein optimales Ziel und legen anschließend deine Strategie fest.

Auslöser:
Der Auslöser ist immer der Start einer Gewohnheit.

Wann immer du auch eine *positive Gewohnheit* aufbauen möchtest, brauchst Du einen Auslöser!

Der Vorsatz: „Ich möchte ab jetzt wieder etwas mehr Sport treiben" hat keinen Auslöser und keine klare Handlungsaufforderung – es wird bei einem guten Vorsatz bleiben.

Ein Auslöser hingegen ist *konkret* und führt zu einer *konkreten* Handlung.
Morgens nach dem Aufstehen direkt 20 Minuten joggen zu gehen, ist beispielsweise mit einem klaren Auslöser verbunden. Schon nach kurzer Zeit wirst du, direkt nachdem der Wecker geklingelt hat, automatisch über das Joggen nachdenken. Schon bald erwartest du sogar von dir, dass du direkt nach dem Aufstehen joggen gehst (was dann auch passieren wird).

Bei einer *negativen Gewohnheit* ist es wichtig zu hinterfragen, was der Auslöser ist, und wie er möglicherweise verringert werden kann. Beispielsweise bemerkst du, sobald du allein zu Hause bist und dich einsam und müde fühlst, dass du viel Zeit im Internet verbringst. Hier ist die Frage: Wie kannst du mit der Situation umgehen? Wenn du weißt, dass dies z. B. häufig um 14 Uhr der Fall ist, so plane deinen Tag am Abend zuvor und stelle sicher, dass du zu diesem Zeitpunkt zum Beispiel ein Meeting mit anderen Kollegen planst, mit Freunden telefonierst, einen Mittagsschlaf hältst (sofern möglich) oder spazieren gehst.

Es ist essenziell zu wissen, dass ein Auslöser ein Teil der Definition einer Gewohnheit ist. Ohne dieses Wissen kann es unvorstellbar schwer sein, eine neue Gewohnheit aufzubauen.

Verhaltensmuster:
Das Verhaltensmuster ist die wiederkehrende Handlung, die auf den Auslöser folgt.

Bei einer *positiven Gewohnheit* ist hier die Frage, welche Verhaltensmuster dich am meisten voranbringen und von dir anvisiert werden. Sei dabei hier ganz konkret. Wenn du eine bestimmte Gewohnheit aufbauen möchtest, ist es am besten, wenn du dir im Klaren darüber bist, wie die Durchführung dieses Verhaltensmusters genau aussehen könnte. Wenn du beispielsweise achtsamer im Alltag sein möchtest, geh dabei sehr praktisch vor und lege eine tägliche – an eine feste Zeit gebundene – Meditations-Gewohnheit fest.

Bei einer *negativen Gewohnheit* könntest du dich fragen, warum du genau mit diesem speziellen (negativen) Verhalten auf den vorhergehenden Auslöser reagierst. Welchen Zweck hat dieses Verhaltensmuster? Es gibt immer einen Grund dafür, warum ein konkretes Verhaltensmuster auf einen Auslöser folgt. Wenn du den Auslöser kennst, hast du die Möglichkeit, ein neues Verhalten, welches dir in dieser Situation sinnvoller erscheint, zu etablieren und damit künftig anders auf den Auslöser zu reagieren.

Belohnung:
Die Belohnung ist der Vorteil, den du aus der Gewohnheit erhältst.

Bei einer *positiven Gewohnheit* hilft dir die Belohnung dabei, die Gewohnheit wieder und wieder durchzuführen. Beispielsweise könnte das ein positives Gefühl nach dem Sport sein. Das positive Gefühl gibt dir die Motivation, dies öfter zu tun, obwohl „dein innerer Schweinehund" sicher gerne einmal etwas anderes sagt.

Bei einer *negativen Gewohnheit* ist es meist so, dass die kurzfristige Belohnung die langfristigen Folgen zunächst überdeckt. Kurzfristig ist es sehr angenehm, Süßigkeiten zu essen. Langfristig wirst du dich jedoch vielleicht unwohl in deinem Körper fühlen.
Hier ist es wichtig, den Fokus auf die langfristigen Folgen zu legen, gerade im Moment der Begierde.

Die Belohnung kann aber auch die Vermeidung einer Bestrafung sein. Beispielsweise hat Noah bereits seinen Freunden erzählt, von nun an mit dem Rauchen aufzuhören. Damit hat er sich selbst einen gewissen sozialen Druck aufgebaut. Er möchte nicht, dass seine Freunde schlecht über ihn denken, weil er nicht zu seinem Wort steht. Dadurch ist die Wahrscheinlichkeit höher, dass er seinen Vorsatz einhält und nicht mehr raucht. Die Belohnung für Noah ist also nicht nur ein gesünderes Leben, sondern auch die Vermeidung, von seinen Freunden nicht mehr ernst genommen zu werden.

Eine Gewohnheit ist nicht nur die Reaktion (Verhaltensmuster) auf ein bestimmtes Gefühl, einen Gedanken oder eine Handlung (Auslöser). Deine Gewohnheiten haben auch gleichzeitig Einfluss auf dein weiteres Fühlen, Denken und Handeln (Belohnung).
Hier ein Beispiel: Wie wird sich eine Person entwickeln, die 4x pro Woche Sport treibt? Die Person wird sich positiver fühlen, klarer denken, auch tatkräftiger und schwungvoller durch den Alltag gehen.
Verbringt man im Gegensatz dazu mehrere Stunden auf der Couch, wird man sich bald träge fühlen.

Nun hast du die Grundlagen kennengelernt. Unsere Fragen an dich:
Betrachte jetzt eine deiner Gewohnheiten. Kannst du deinen Auslöser, dein Verhaltensmuster und deine Belohnung erkennen?

Solltest du noch Schwierigkeiten haben, diese Frage zu beantworten, ist das nicht weiter tragisch. Zu einem späteren Zeitpunkt wird es dir klarer erscheinen.

Zusammenfassung:

Jede positive und negative Gewohnheit besteht immer aus einem *Auslöser*, dem *Verhaltensmuster* und einer *Belohnung*.

Auslöser:
Der Auslöser ist immer der Start einer Gewohnheit und ruft letztendlich dein Verhalten hervor.
Wenn du eine *positive Gewohnheit* aufbauen möchtest, dann stelle sicher, dass du einen Auslöser für deine Gewohnheit findest. Beispiel: Nach dem Aufstehen meditierst du.
Bei *negativen Gewohnheiten* möchtest du den Auslöser minimieren. Beispiel: Wenn ich müde und einsam bin (Auslöser), verschwende ich Zeit auf Social-Media-Kanälen.

Verhaltensmuster:
Das Verhaltensmuster ist die wiederkehrende Handlung, die auf den Auslöser folgt. Für eine *positive Gewohnheit* ist es wichtig, genau zu definieren, welches Verhaltens- muster du etablieren möchtest.
Bei *negativen Gewohnheiten* stellt sich die Frage, welches neue Verhaltensmuster man gegen ein altes Verhaltensmuster austauschen könnte. Beispiel: Anstatt auf Social-Media- Kanälen zu surfen, gehe ich spazieren.

Belohnung:
Die Belohnung ist der Vorteil, den du aus der Gewohnheit ziehst.
Belohnungen sorgen dafür, dass du deine positiven (aber auch negativen) Gewohn- heiten beibehältst. Beispiel: Das Rauchen lässt dich Entspannung fühlen, und das Sporttreiben gibt dir ein Gefühl von Gesundheit und Stolz. Eine weitere Belohnung für deine neue Gewohnheit verstärkt das neue Verhaltensmuster.

2) Neurowissenschaften –

Wie funktionieren Gewohnheiten im Gehirn?

Mit dem Gewohnheits-Kreislauf haben wir bereits ein wichtiges Fundament gelegt. Schauen wir uns Gewohnheiten aus der neurowissenschaftlichen Perspektive an.

Bestimmte Lebensgewohnheiten sind unverzichtbar und wichtig für unser Dasein. Sie bestimmen unseren Tagesablauf. Wie sieht dein alltäglicher Ablauf am Morgen aus?
Führt dein Weg zuerst ins Bad oder in die Küche?
Wie putzt du dir zu Zähne?
Mit welchem Bein gehst du zuerst in deine Hose?
Welchen Weg fährst du zur Arbeit?

Bei deinen Antworten wirst du feststellen, dass der Ablauf fast immer identisch ist. Unsere Handlungen werden automatisiert. Es ist wie ein Autopilot, der uns seit Kindheitstagen durch den Tag bzw. unser Leben navigiert.

In deiner Kindheit hast du Handlungen deines sozialen Umfeldes instinktiv übernommen und dir diese zu eigen gemacht. Daraus entsteht dein persönlicher Autopilot. Deine Handlungen und die damit verbundenen positiven Effekte werden aus deinem Bewusstsein ins Unterbewusstsein überführt und dort manifestiert.
Unser Gehirn sieht keinen Bedarf, die Vorgehensweisen, die bereits in unserem Unterbewusstsein verankert sind, dauerhaft zu überprüfen. Damit verschafft sich das Gehirn Freiräume, um sich auf andere Dinge zu konzentrieren und spart zudem Energie.

Auch wenn unser Autopilot uns durchs Leben leitet, sammeln wir immer wieder neue Erfahrungen, die Auswirkungen auf unser Handeln haben. Einige Menschen verändern ihre Gewohnheiten erst dann, wenn in ihrem Leben etwas Unerwartetes geschieht, das eine starke emotionale Auswirkung auf sie hat. Dies kann z.B. ein schwerer Unfall oder der Verlust einer geliebten Person sein. Auch eine Trennung vom Partner oder Krankheiten können ein Umdenken bewirken. Äußere Einflüsse sind aber keine Voraussetzung, um eine Gewohnheit zu verändern. **Mit einer bewussten Entscheidung kann man ebenfalls eine Veränderung einleiten.**

Der Psychologe und Nobelpreisträger Daniel Kahnemann hat unseren Mechanismus, den Autopiloten, genauer unter die Lupe genommen. Der Vorteil einer Gewohnheit ist, dass diese Handlung automatisch abläuft und somit Zeit und Energie spart. Ein gewohnter Ablauf funktioniert schneller, man denkt weniger über die Ausführung an sich nach. Es geschieht automatisch und routiniert – wie von allein.
In der Psychologie nennt man dieses Denksystem "System 1".

Im Gegensatz dazu wissen wir alle, wie es sich anfühlt, eine Handlung ganz bewusst und konzentriert anzugehen, dabei intensiv nachzudenken und diese auszuführen.
Das wird als "System 2" des Denksystemes bezeichnet.

Um dir den Unterschied noch deutlicher zu machen, erklären wir dir die Systeme im Detail:

System 1 ist das *schnelle System*. Es funktioniert ganz ohne Aufwand und ohne, dass wir darüber nachdenken müssen. Das ist der "Sparmodus".
System 1 läuft unbewusst, reflexartig und intuitiv ab. Alle Gewohnheiten sind in System 1 verankert. Da das System veränderbar ist, können wir neue Gewohnheiten durch Wiederholungen bewusst trainieren und festigen: System 1 wird also mit Wiederholung trainiert. Je öfter wiederkehrende Abläufe praktiziert werden, desto automatischer stellen sie sich ein. Was ergibt 2 x 2? Ergebnis: 4! Richtig. Darüber wirst du vermutlich gar nicht wirklich nachdenken, denn das ist System 1. Mit diesem System werden Abläufe, die antrainiert wurden, automatisch durchgeführt. Hierzu ein Beispiel: Nach der absolvierten Fahrprüfung und ein paar Monaten Übung fährst du mit System 1 auch Auto. Das Einlegen der Gänge wird von einem bewussten zu einem unbewussten Akt.

System 2 hingegen ist das *langsame System*. Es erfordert mehr Energie und Zeit. Was ist also der Vorteil eines langsamen und anstrengenden Denk-Systems? Es kann komplexe, berechnende und bewusste Gedanken und Handlungen ausführen. Mit anderen Worten: Dein bewusster Denkapparat ist eingeschaltet. Den dafür zuständigen Bereich in deinem Gehirn nennt man "Präfrontaler Kortex". Damit kann man neuartige Probleme lösen und Dinge ganz bewusst erschaffen. Hierzu ein Beispiel: Rechnest du als Laie die Mathematikaufgabe 17 x 13 im Kopf, wird System 2 benötigt.

Weitere Beispiele sind: Auto fahren lernen, einen wichtigen Brief schreiben oder als Amateur Schach spielen.

Beide Systeme haben ihre Vor- und Nachteile.
System 1 kann wiederholte Herausforderungen leicht lösen, weil die Handlung antrainiert wurde. Kommt es aber zu einer Veränderung des Problemes, kann es sein, dass System 1 keine optimale Lösung findet. Das liegt daran, dass System 1 nur mit Erfahrungswerten arbeitet. System 2 hingegen kann neuartige Herausforderungen lösen. Das kostet jedoch mehr Zeit und Energie.

System 1	System 2
schnell	langsam
leicht / mühelos	anstrengend
intuitiv	reflektiert
unbewusst	bewusst

Ein fMRT (funktionelles Magnetresonanztomogramm) ist ein Gehirnscan, welches die Aktivität der verschiedenen Gehirnregionen darstellt. Mithilfe dieses Gehirnscans könnte man erkennen, ob jemand während einer spezifischen Aufgabe vermehrt System 1 oder System 2 anwendet. Wenn eine Person sich bewusst anstrengt, dann ist vor allem der Bereich im Gehirn hinter der Stirn stark aktiv (System 2).
Eine solche Aktivität deutet darauf hin, dass zu diesem Zeitpunkt keine einfache Gewohnheit abgespult wird.

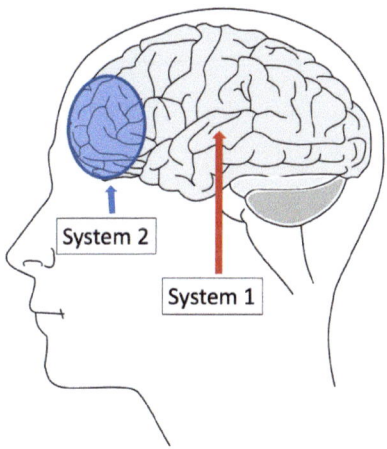

Bewusst aus dem Bett aufzustehen und zum Joggen zu gehen, findet also hier statt. Das ist anstrengend! Während du die Gewohnheit aufbaust, jeden Morgen zu joggen, wird System 1 mehr und mehr aktiviert und übernimmt die Arbeit – System 2 spart Energie und bleibt im Ruhemodus. Die Lokalisierung von System 1 ist etwas schwieriger. Ein Bereich (relativ mittig) im Gehirn names "Basalganglien" spielt jedoch eine zentrale Rolle. Außerdem sind viele weitere Bereiche aktiv, und deshalb verweisen wir der Einfachheit halber bei System 1 auf keine spezielle Hirnregion.

Dieses Schaubild ist äußerst vereinfacht dargestellt. In der Realität sind beide Systeme allerdings komplexer. Wir möchten, dass du verstehst, dass es verschiedene Abläufe in deinem Gehirn gibt. Es kostet allerdings etwas Zeit, diese umzuprogrammieren. Du selbst bist nicht der Grund, welche(r) Schwierigkeiten mit Veränderungen hat, sondern dein Gehirn, das darauf ausgelegt ist, Energie zu sparen.

Zusammenfassung:

Unser Gehirn besitzt zwei Systeme:

System 1 ist für unsere Gewohnheiten verantwortlich, welche teils unbewusst ablaufen. **System 2** ist für unser bewusstes Denken und Handeln zuständig.

Um eine Gewohnheit zu verändern, ist es nötig, uns zuerst mit Hilfe von System 2 unsere Gewohnheiten zu verdeutlichen und zu benennen. Daraufhin können wir _unser Verhalten ganz bewusst verändern_, bis unser neues Verhaltensmuster – langsam aber sicher – wieder mit System 1, dem Gewohnheits-System, abläuft.

---

3) Warum haben wir schlechte Gewohnheiten?

Was hat sich das Gehirn dabei gedacht, eine schlechte Gewohnheit aufzubauen und Menschen daran zu hindern, ein erfülltes Leben zu führen?

Eventuell ist dir schon einmal aufgefallen, dass du manchmal nach deinem Handy greifst, um dich abzulenken. In bestimmten Situationen liegt ein Grund darin, dass du gerade etwas tätigen solltest, das dich stresst oder dir viel Mühe bereitet. Deshalb gönnst du dir eine kurze Auszeit. Wenn diese Gewohnheit aber in ein Übermaß mündet, könnte man von einer schlechten Gewohnheit sprechen.
Eventuell kennst du Menschen, die täglich rauchen, ohne bewusst darüber nachzudenken. Andere wiederum sitzen abends gemütlich vor dem Fernseher und essen eine Fülle an Süßigkeiten. Es kann sein, dass sie sich der Konsequenzen bewusst sind, vielleicht aber auch nicht.

Sicherlich hast du selbst auch eine negative Gewohnheit und hinterfragst deine Handlung auf Sinnhaftigkeit. Obwohl du dir im Klaren darüber bist, dass dir deine negative Gewohnheit schadet, wiederholst du deine Handlung immer wieder. Warum ist das so, und was hat sich das Gewohnheits-System dabei gedacht?

Ein Kerngedanke, der dir dabei helfen wird, deine negativen Gewohnheiten zu verstehen, ist: *"Jede negative Gewohnheit hat ihre positiven Seiten"*.

Wir erklären diese Aussage anhand eines Beispiels: Noah begann bereits mit 17 Jahren zu rauchen, um einer "coolen Gruppe" anzugehören. Er sah dabei den "Vorteil" der Zugehörigkeit dieser Gruppe. Nachdem sich aber die Gruppe aufgelöst hatte, rauchte Noah weiter, und es ergab sich ein weiterer Vorteil für ihn: Er stellte fest, dass er sich gerade in einer stressigen Situation eine Entspannungspause verschafft, indem er eine Zigarette raucht. Zusätzlich trifft er im Raucherbereich andere Raucher, mit denen er sich unterhalten kann. Damit fand er einen Weg, seinen Stress zu bewältigen. Noah ist heute 48 Jahre alt. Wenn du dir noch einmal den Gewohnheits-Kreislauf in Erinnerung rufst, bemerkst du, dass die Belohnung immer das Ergebnis einer schlechten Gewohnheit ist. Tatsache ist, dass jede schlechte Gewohnheit mit einem Vorteil beginnt. Es ist nicht immer einfach, den Vorteil der Gewohnheit sofort zu erkennen. Manchmal verändert sich auch der Vorteil über die Zeit hinweg, wie bei Noah.

Betrachten wir also negative Gewohnheiten in einem anderen Licht. Die schlechte Gewohnheit hat eine Eigenart: Sie ist immer dort angesiedelt, wo ein Problem besteht. Ein anderes Beispiel: Vielleicht zeigt deine schlechte Gewohnheit auf, dass du mehr Schlaf benötigst, doch du liebst es, zu viel Kaffee zu trinken, um wach zu bleiben. Dadurch zeigt die schlechte Gewohnheit indirekt, dass dein Schlafverhalten ein potenzielles Entwicklungsfeld darstellen könnte.

Folgende Erklärung wird dir helfen, noch mehr Verständnis zu erlangen, warum wir überhaupt schlechte Gewohnheiten besitzen. Du hast viele verschiedene Gleichgewichte in dir, die du aufrecht erhalten möchtest: Ein gesundes Verhältnis zwischen Entspannung und Stress oder auch Distanz und Nähe zwischen Menschen. Unsere Gleichgewichte funktionieren wie ein Thermostat, welcher auf eine bestimmte Gradzahl eingestellt ist. Wenn es zu kalt ist, geht die Heizung an, wenn es zu warm ist, schaltet sie sich ab.

Deutlicher wird unsere Aussage, wenn man ein Verhaltensmuster betrachtet, welches das Stresslevel beeinflusst. Nehmen wir an, Theresa hat ein großes Projekt für ihr Studium vorzubereiten. Allein schon der Gedanke daran kann sie in eine gewaltige Stress-Situation führen. Ihr Verhältnis zwischen Stress und Entspannung ist in einem Ungleichgewicht. Die Folge könnte sein, dass Theresa eine To-do-Liste erstellt, um sich zu beruhigen und sich gleichzeitig zu strukturieren. Danach hat sie das Gefühl, produktiv gewesen zu sein und sucht nach einer Entspannungsmöglichkeit, wie zum Beispiel im Internet zu surfen. Das Stresslevel war in einem Ungleichgewicht, und das Gehirn hat automatisch das Gleichgewicht wieder hergestellt. Ist das nicht genial? Wenn das Stresslevel wie ein Thermostat funktioniert und damit anzeigt, dass man zu sehr gestresst ist, wird ein Weg gefunden, um Stress abzubauen. Das kann bewusst oder unbewusst passieren. Im oben beschriebenen Beispiel war es das Surfen im Internet. Die Ausgleichsfunktion hat funktioniert, und die schlechte Gewohnheit "hatte einen Sinn"!

Im nächsten Kapitel werden wir ein tieferes Bewusstsein für deine Gewohnheiten schaffen. Falls du dir aber bereits einer negativen Gewohnheit bewusst bist, könnte folgende Frage für dich interessant sein:
Welches Gleichgewicht möchte deine negative Gewohnheit wieder herstellen?
Bezüglich des Gewohnheits-Kreislaufes stellt sich eine weitere Frage:
Was ist der Auslöser oder die Ursache deiner negativen Gewohnheit?

War im oben genannten Beispiel die Entscheidung, im Internet zu surfen, um zu entspannen, ein optimaler Weg? In genau diesem Augenblick war es sicher die richtige Lösung, doch nur für den kurzen Moment. Die Kehrseite der Medaille könnte sein, dass der Stress Theresa wieder einholt. Grund dafür ist, dass das Projekt immer noch auf sie wartet. Eventuell kommt noch das schlechte Gewissen hinzu, da sie weiß, anstatt im Internet zu surfen, hätte sie die Zeit auch besser nutzen können.
Das ist genau die Problematik, warum die Gleichgewichtsfunktion nicht optimal funktioniert.

System 1, unser Gewohnheits-Mechanismus, versucht schnell und instinktiv, einen Missstand zu beseitigen. Bei der Beseitigung des Problems werden nur bekannte und erprobte Handlungen durchgeführt – egal, ob diese gerade das Beste für die Situation sind oder nicht. Sinnvoller zur Problemlösung ist es jedoch, bewusst mit System 2 zu handeln. Nur dieses System kann eine bewusste Entscheidung bzw. alternative Handlung finden. Das bedeutet, jeder kann eine Strategie entwickeln, um schlechte Gewohnheiten in gute zu verwandeln.

In unserem Beispiel: Wenn du Unklarheit und Stress bei einem deiner Projekte empfindest und du z. B. als Stressausgleich unproduktiv im Internet surfst, während du dich dabei schuldig fühlst, ist es möglicherweise Zeit für eine gesündere Pause. Du könntest spazieren gehen, Sport oder Yoga treiben, meditieren, eine Freundin anrufen oder Musik hören. Nach 15 Minuten widmest du dich wieder deiner Arbeit und schaffst Klarheit und Struktur, indem du dir eine detaillierte To-do-Liste erstellst und mit der Arbeit fortfährst.
Du tauschst also deine negative Gewohnheit gegen eine positive Gewohnheit aus. Das ist der effektivste Weg, eine negative Gewohnheit zu verändern.
Es gibt endlose Möglichkeiten, wie du deine Gewohnheiten sinnvoll austauschen kannst, doch genau das wird das Schwierige dabei sein. Finde eine andere Gewohnheit, welche du als positiv einstufst und die denselben Zweck der alten Gewohnheit erfüllt.
Fällt dir bereits etwas für deine Situation ein?

Hier ist ein weiteres Beispiel: Als mir (Marco) bewusst wurde, weniger Süßigkeiten konsumieren zu wollen, war mir gleichzeitig klar, dass ich auch in Zukunft hin und wieder extreme Lust auf Süßes verspüren werde. Ich wusste auch, dass dieses Verlangen über einen gewissen Zeitraum hinweg geringer werden würde. Aber bis dahin war es eben noch ein Stück Arbeit. Was tat ich also? Ich verbannte zunächst alles Süße aus dem Haus, so war nichts mehr verfügbar. Gleichzeitig kaufte ich leckere Trockenfrüchte, welche mir im Moment der "Zucker-Begierde" aushelfen sollten. Das war natürlich weniger verlockend als das Gewohnte, aber es erfüllte den Zweck. Ich fühlte mich besser, und ich registrierte, dass die befürchteten Zuckerschocks sogar ausblieben. Stück für Stück verbesserte sich somit mein unbändiges Verlangen nach Zucker. Für den Notfall hatte ich immer noch meine Trockenfrüchte parat. Mittlerweile habe ich dem sogar ein neues Rezept hinzugefügt: Ich mixe Bananen mit purem Kakaopulver und Mandelmilch. Das ergibt einen leckeren, gesunden, aber auch sehr schmackhaften Shake.

Ein häufiger Fehler, den viele begehen: Die neue Gewohnheit, welche die alte ablösen soll, ist keine wirklich verlockende Alternative. Es ist eher eine Gewohnheit, die man zwar praktizieren kann, aber gar nicht machen möchte. Finde im ersten Schritt also eine erstrebenswerte Gewohnheit, welche du als zieldienlicher, gesünder oder produktiver einschätzt und beginne damit, so dass du Erfolge verbuchen kannst.

Sobald du eine negative Gewohnheit identifiziert hast, nimm diese Übung für dich in Angriff: Notiere hier mindestens 3 Gewohnheiten, welche du dir zum Austausch gegen eine positive Gewohnheit vorstellen kannst:

1) _____

2) _____

3) _____

Umkreise nun die Gewohnheit, welche sich vermutlich am besten zum Austausch eignet. Teste dieses Experiment einige Tage und reflektiere genau, wie stark sich dieser Austausch als sinnvoll und erfolgversprechend erwiesen hat.

Zusätzlich kannst du selbst auch die **Ursache** aus dem Weg räumen und/oder sie erst gar nicht in den Vordergrund treten lassen. In diesem Beispiel: Stress.

Ein Ziel kann sein, dass du von Natur aus weniger Stress empfinden möchtest und somit die negative Gewohnheit erst gar nicht so häufig auftreten kann.
Eine von Stress befreiende Gewohnheit (wie tägliches Meditieren oder Yoga, vermehrte Treffen mit guten Freunden oder ein Coaching zum Thema Resilienz) kann dabei ebenfalls sehr hilfreich sein.

Hier ein weiteres Beispiel: Nehmen wir an, Ben ist am Morgen regelmäßig gestresst. Die Vermeidung des Auslösers könnte sein, dass er deshalb 30 Minuten früher aufsteht. Mit dieser bewussten Entscheidung wird ein Weg gefunden, um das Gleichgewicht in ihm wieder herzustellen.

Wenn du weniger Stress empfindest, kommst du auch weniger in Versuchung, deine negative Gewohnheit als Ausgleich abzuspielen. Dementsprechend wird es natürlich leichter, deine neue positive Gewohnheit aufzubauen, denn es gibt weniger Momente, in denen du dein Verhalten ändern musst. Stress wirst du hin und wieder trotzdem verspüren, aber deutlich weniger – und das ist ein Fortschritt und gleichermaßen ein Erfolg!

Wie könntest du deine Ursache verringern?

Wir haben nun deine Gewohnheiten (System 1) untersucht und etwas genauer unter die Lupe genommen (System 2).
Mithilfe von System 2 können wir jetzt analysieren, welche Gewohnheiten in deinem Leben bereits sehr gut sind, welche du anpassen und/oder verändern möchtest. Sicher ist es dein Wunsch, dies bewusst zu steuern, gezielt Gewohnheiten aufzubauen und wieder zu automatisieren, was dich in dein System 1 zurückrutschen lässt.
Das spart Zeit, Energie und ist praktisch!

Manchmal ist es jedoch notwendig, zwischendurch zu reflektieren, was System 1 über den Tag hinweg alles hervorbringt und praktiziert. Dann erst kannst du bewusst Anpassungen vornehmen und neue Gewohnheiten aufbauen.

Im nächsten Kapitel schaffen wir ein größeres Bewusstsein darüber, welche Gewohnheiten du momentan in deinem Leben etabliert hast. Dort kannst du dein hier neu gewonnenes Wissen weiter anwenden.

Zusammenfassung:

Negative Gewohnheiten haben immer einen Grund, denn dieser ist unser Auslöser. Es gibt also zwei Möglichkeiten, deine Gewohnheit zu verändern:

1) Der Auslöser wird minimiert. Beispiel: Wir stellen sicher, dass wir uns weniger gestresst fühlen. Daraus resultiert, dass wir auch weniger ungesunde Nahrung zu uns führen, falls wir Stress-Esser sind.

2) Auf denselben Auslöser reagierst du mit einem anderen Verhaltensmuster, welches du als positiv betrachtest und das denselben Zweck erfüllt wie dein altes, negatives Verhaltensmuster. Beispiel: Um innerem Stress entgegenzuwirken, meditierst du täglich, anstatt zu rauchen.

4) Bewusstsein für deine Gewohnheiten schaffen

Es wird Zeit, dass du "ins Tun" kommst. Werde selbst aktiv!

Dieses Kapitel ist ein weiteres Fundament für deine Veränderung, denn hier schaffst du zunächst ein Bewusstsein für deine bisherigen Gewohnheiten. Darauf folgen konkrete Überlegungen, welche Verhaltensveränderung du in dein Leben integrieren möchtest. Das Kapitel ist in zwei Teile aufgebaut. Im ersten Teil wirst du selbst analysieren, welche positiven und negativen Gewohnheiten du bereits in deinem Leben integriert hast. Im zweiten Teil betrachtest du deine Gewohnheiten genau, die du verändern oder aufbauen möchtest.

Gerade dieses Kapitel ist ein sehr wichtiger Baustein des Buches. Um eine neue Gewohnheit nachhaltig aufzubauen, benötigst du ein stabiles Fundament. Gerne kannst du dir das Fundament, wie wir es von einem Hausbau her kennen, vorstellen. Je größer das Haus gebaut werden soll, um so stabiler muss der Grundstock sein.

1) Bewusstsein allgemeiner Gewohnheiten

Um deine Gewohnheiten bewusster wahrzunehmen, teilen wir diesen Part ebenfalls in zwei essenzielle Schritte ein:

Schritt 1 – du reflektierst *selbst* deine allgemeinen Gewohnheiten.
Schritt 2 – du holst dir *Feedback* von anderen ein.

Wir gehen davon aus, dass du bereits in der Selbstreflektion viel über dich herausfinden wirst. Doch um ein größeres Bewusstsein deiner Gewohnheiten zu erhalten, solltest du Personen über deine Gewohnheiten befragen, um mögliche "blinde Flecken" aufzudecken. Der blinde Fleck bedeutet in diesem Zusammenhang, dass jeder über Gewohnheiten verfügt, die ihm selbst gar nicht bewusst sind, jedoch von seinem Umfeld durchaus wahrgenommen werden. Deswegen ist die Außenperspektive wichtig, um ein Gesamtbild der Gewohnheiten zu erhalten.

Selbstreflektion

Um dich bei der Selbstreflektion zu unterstützen, sind folgende Fragen wichtig:
- Welche positiven Gewohnheiten besitzt du bereits?

- Warum sind diese Gewohnheiten (aus deiner Perspektive) für dich positiv?

- Welche Gewohnheit würde dir helfen, deinen Tag besser zu gestalten?

- Welche Gewohnheit stört dich selbst an dir?

- Gibt es Gewohnheiten, die zu viel Zeit (im Verhältnis zum Ergebnis) kosten?

Feedback von außen einholen

Warum ein Feedback von außenstehenden Personen wichtig ist, wurde bereits geschildert. Nun betrachten wir die Wichtigkeit von Rückmeldungen deiner Freunde und Vertrauten noch genauer.

Der blinde Fleck: Mit der Analyse "deines blinden Flecks" wirst du wahrscheinlich ein präziseres Bild von dir selbst und deinen Gewohnheiten erhalten.

Was bedeutet eigentlich ein "blinder Fleck"?
Dieser Ausdruck steht in der Psychologie für Eigenschaften, die wir selbst an uns nicht wahrnehmen können oder wollen. Durch die teilweise fehlende Wahrnehmung sehen wir uns anders, als andere dies tun. Wir sind sozusagen "blind" für manche unserer eigenen Verhaltensmuster. Dadurch entsteht ein Unterschied zwischen Selbstbild und Fremdbild. Vielleicht kennst du auch jemanden aus deinem Freundeskreis, der z. B. von sich behauptet, etwas mollig oder dick zu sein. Befragt man aber das Umfeld, würden viele Befragte recht ehrlich behaupten, dass das überhaupt nicht der Fall ist.

Beleuchten wir deinen blinden Fleck durch ein Gespräch mit anderen:
Finde drei Personen deines Vertrauens. Diese sollten dich gut kennen. Von Vorteil ist, wenn diese auch aus unterschiedlichen Lebensbereichen kommen, beispielsweise jeweils eine Person aus deiner Familie, deinem Freundeskreis und deinem Arbeitsumfeld.

Erkläre den Personen im Vorfeld, dass du spezielle Fragen zu deinen Gewohnheiten hast. Somit haben deine Feedback-Geber sogar noch etwas Zeit, darüber nachzudenken. Führt bei einem Treffen ein lockeres Gespräch zu diesem Thema:

→ Was ist ihnen an dir aufgefallen?

→ Welches sind deine positiven und negativen Gewohnheiten?

- Höre genau hin und lass dich erst einmal auf alles ein.
- Bitte diese Personen um eine ehrliche Antwort.
- Hinterfrage auch gerne die Antworten, um ein genaueres Bild zu erhalten.
  Nur so kannst du die Aussagen auf ihre Richtigkeit überprüfen.

Falls es dir schwer fallen sollte, ein solches Gespräch zu führen, besteht die Möglichkeit zweier Leitfragen, die du deinen "Feedback-Gebern" stellen kannst:

1. Welche positiven Gewohnheiten findest du gut an mir?
2. Welche neue Gewohnheit würde mir in meinem Leben helfen bzw. nützlich sein?

Die wichtigsten Antworten:

---

2) Bewusstsein einer speziellen Gewohnheit

Zu diesem Zeitpunkt gibt es vermutlich bereits eine Idee davon, welche Gewohnheiten du in deinem Leben verändern bzw. aufbauen möchtest. Falls du noch keine Vorstellung davon hast, ist jetzt der richtige Zeitpunkt, noch einmal in Ruhe darüber nachzudenken.

Das ist die Gewohnheit, welche ich verändern, ablegen oder aufbauen möchte:

Gewohnheits-Kreislauf

Beginnen wir mit dem Gewohnheits-Kreislauf aus Kapitel 1 (Was sind Gewohnheiten?). Was ist der Auslöser, das Verhaltensmuster und die Belohnung deiner momentanen Gewohnheit?

Die Frage hier ist: Kann der Auslöser verändert oder verhindert werden? Gibt es zu deinem aktuellen Verhaltensmuster eine Alternative? Kann die gewünschte Alternative sogar nützlicher sein? Was ist die Belohnung deiner momentanen Gewohnheit?

Der Gewohnheits-Kreislauf deiner momentanen negativen Gewohnheit

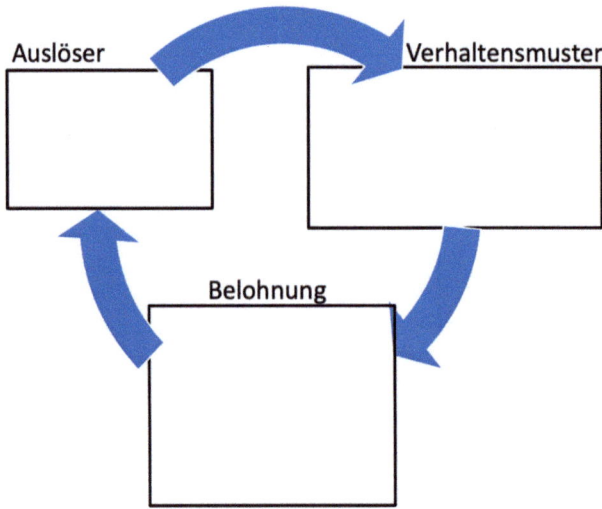

Wenn du eine negative Gewohnheit abbauen und verändern möchtest, dann erinnere dich an den psychologischen Grund einer jeden negativen Gewohnheit aus Kapitel 3 (Warum haben wir schlechte Gewohnheiten?). Jede negative Gewohnheit hat einen wichtigen Grund und "hilft" dir, etwas auszugleichen.
Für eine nachhaltig positive Veränderung möchtest du also deine negative Gewohnheit nicht einfach loslassen, denn damit entsteht ein Ungleichgewicht in dir. Wir beleuchteten als Beispiel Theresa, welche aufgrund des enormen Stress-Levels leicht und gerne ins Internet abschweift. Dieses Abschweifen hilft ihr, Stress abzubauen. Sie möchte folglich nicht nur diese Gewohnheit loslassen, sondern gleichzeitig etwas finden, das ihr dabei hilft, mit dem Stress besser umzugehen.

Möchtest Du selbst auch eine positive Gewohnheit finden, welche deine negative Gewohnheit ablöst? Wie würde dein Gewohnheits-Kreislauf aussehen, wenn du deine Verhaltensänderung durchgeführt hast? Was genau wäre deine neue Gewohnheit?

Füge diese in den Gewohnheits-Kreislauf ein und benenne deinen Auslöser sowie auch die Belohnung. Der Auslöser und die Belohnung sollten sich nicht verändert haben.
Wenn du momentan keine negative Gewohnheit zum Austausch benennen kannst, sondern einfach eine neue aufbauen möchtest, dann wähle hier dein gewünschtes Verhalten aus:

Der Gewohnheits-Kreislauf deiner zukünftigen positiven Gewohnheit

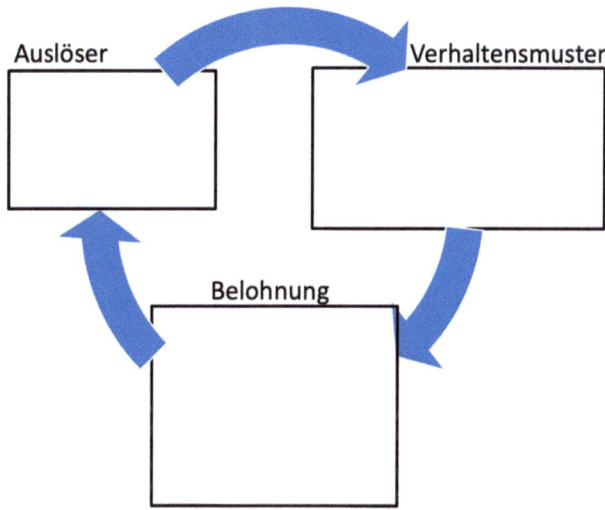

Tagebuch der Gewohnheiten

Um ein Bewusstsein für dein momentanes Verhalten zu erlangen, halte in der nächsten Woche genau fest, wie oft und wie lange du deine negative Gewohnheit ausübst. Eine Art Tagebuch, sei es mithilfe einer Strichliste oder Tabelle, kann dafür recht zielführend sein. Halte hier auch weitere Informationen fest, die dir bei der Beobachtung deines Verhaltensmusters auffallen.

• Gibt es mehrere Auslöser?
• An welchem Ort findet die Gewohnheit üblicherweise statt?

• Wann passiert das?
• In welchem emotionalen Zustand bist du währenddessen?
• Mit welchen Menschen stehst du dabei in Kontakt?
• Was hast du kurz davor getan?

Halte all dies genau fest, denn es sind wichtige Informationen für dich!

Führe dieses Tagebuch auch später auf dem Weg zu deinem neuen Verhaltensmuster weiter und dokumentiere genau, wie sehr du dich Woche für Woche verbesserst.
Dein "Tagebuch" muss kein klassisches Buch mit leeren Seiten sein. Wichtig dabei ist, dass Daten über dein tatsächliches Verhalten vorliegen. Denkbar ist auch, eine neue Notiz in deinem Smartphone anzulegen. Falls sich deine negative Gewohnheit um deinen Internetkonsum dreht, könnte beispielsweise auch eine Art "Überwachungs-App" für die Dokumentation hilfreich sein, welche deinen Konsum zeitlich genau festhält.

Das Dokumentieren deiner Gewohnheit hat vor allem zwei Vorteile:

1. Oft unterschätzen wir, wie stark sich die negative Gewohnheit bereits im Alltag ausgedehnt hat. Das Bewusstsein verstärkt die Dringlichkeit für deine Veränderung.

2. Du hast die Möglichkeit, während dieser Beobachtung genauere Einsichten in dein Verhaltensmuster zu erhalten. Alle Informationen, die du sammelst, fließen später in deine Strategie mit ein. Die Informationen werden dir auch die Situationen und das Verhalten aufzeigen, die bei einer Veränderung der Gewohnheit zu Stolpersteinen werden können.

Der Bewusstseins-Strahl

Je mehr Bewusstsein du für deine Gewohnheit schaffst, desto mehr Kontrolle besitzt du darüber, deine Gewohnheit zu verändern. Bei einem verstärkten Bewusstsein wirst du dir bereits vor dem Verhaltensmuster bewusst, was mit dir passiert. Beispielsweise spürst du, dass du langsam müde wirst und kannst dabei sehr achtsam beobachten, wie die Lust am Arbeiten stetig geringer wird. Stattdessen bemerkst du, wie sich das Bedürfnis, durch deine Social Media Kanäle zu scrollen, verstärkt. Je früher und tiefer wir uns unserer Gewohnheiten bewusst werden, desto eher können wir unser Verhalten steuern und uns verändern.

Wann genau wird dir dein automatisches Verhaltensmuster bewusst?
Markiere im folgenden Schaubild den Zeitpunkt, an dem dein Verhalten in der Regel erkennbar wird.

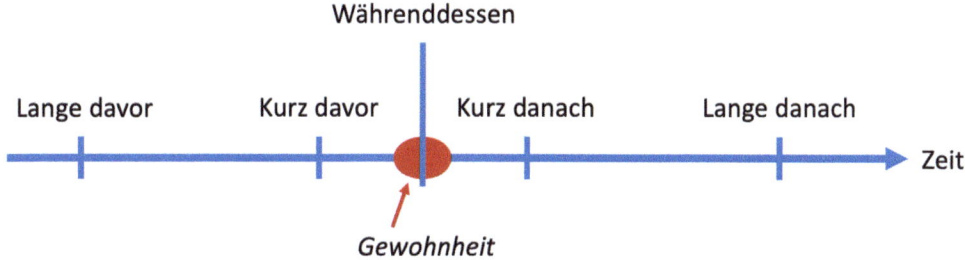

| = Zeitpunkt, an dem die Gewohnheit bewusst wird

Nach dem Durcharbeiten dieses Kapitels, hat sich dein Bewusstsein vermutlich verstärkt. Deshalb wird dir ab jetzt während der Durchführung deiner Gewohnheit sehr deutlich, was gerade passiert. Vielleicht ist deine Wahrnehmung auch davor schon geschärft.

Zum Beispiel kann Leon nicht von Süßigkeiten lassen. Während er diese isst – oder direkt danach – kommt ihm in den Sinn, dass er doch darauf verzichten wollte. Dennoch konnte er sich nicht zurückhalten.
Ein ausschlaggebender Unterschied ist getan, wenn du dir *kurz davor bewusst* wirst, was im nächsten Moment passieren wird. Beispielsweise hat Leon in 10 Minuten Feierabend und möchte danach joggen gehen. In dem Moment wird er sich seines Gefühls von Trägheit bewusst. Gleichzeitig stellt sich eine großes Verlangen nach einem leckeren Abendessen ein. Viel lieber würde er in 10 Minuten direkt nach Hause fahren und sich mit einem guten Essen auf dem Sofa ausruhen, anstatt zuerst 30 Minuten zu joggen. Wenn er sich jedoch erst kurz vor Feierabend dessen bewusst wird, kann es sein, dass er dennoch seinen Trieben nachgibt. Was geschehen ist, ist eine wertvolle Erkenntnis, denn Leon ist ganz offensichtlich in sein altes Verhaltensmuster getreten.

An diesem Punkt kann er sein Bewusstsein weiter und weiter ausbauen, bis er letztendlich folgenden Punkt erreicht: Leon kann sich bereits lange vor dem Zurückfallen in sein altes Verhaltensmuster bewusst werden, was bald geschehen wird und deshalb gezielt gegensteuern.

Dadurch kann er vorausblickend am Vorabend darüber nachdenken, wie er mit der Müdigkeit nach der Arbeit umgeht. Er kann eine Strategie für sich entwerfen, um anders und effizienter zu reagieren. Deshalb geht er früher ins Bett, packt bereits davor seine Sportsachen und nimmt sich einen gesunden Snack für die Nachmittagspause mit, damit er nach der Arbeit nicht hungrig ist.

Wenn du so weit im Voraus mitdenkst, finden Musterunterbrechungen statt. Dann bist du in der Lage, dein Verhalten früher oder später beliebig zu ändern.

Und denk immer daran: Nach der Gewohnheit ist vor der Gewohnheit. Nachdem du in dein altes Verhaltensmuster gerutscht bist, kannst du dein Bewusstsein zielgerichtet für das nächste Mal schärfen.

Nun fragst du dich vielleicht, wie du dein Bewusstsein für eine Gewohnheit mit der Zeit immer früher erlangen kannst. Letztendlich ist es wichtig, dass du Erinnerungen schaffst und diese bewusst reflektierst. Hierzu Vorschläge:

- Führe dein tägliches Tagebuch fort:
Miss die Häufigkeit und Dauer oder das Ausmaß deiner schlechten Gewohnheit. Gleichzeitig kannst du einige Sätze zu den Rahmenbedingungen und andere Besonderheiten aufschreiben. Wenn du nichts notieren möchtest, so stelle sicher, dass du zumindest einmal täglich inne hältst und sehr bewusst über deine letzten 24 Stunden und auch die nächsten 24 Stunden (bezüglich deiner Gewohnheit) reflektierst.

- Stelle dir einen Wecker:
Wenn du dir bereits bewusst bist, wann genau deine Gewohnheit in der Regel auftritt, stelle einen Wecker, welcher davor klingeln wird und dein Bewusstsein für die Situation schärft. Beispielsweise möchtest du nach dem Frühstück meditieren, und dafür stehst du jeden Tag um 7 Uhr auf. Du könntest dir einen weiteren Wecker um 7:15 Uhr stellen, damit dir die für 7:30 Uhr geplante Meditation bewusst wird.

- Trage ein Armband zur Erinnerung:
Dieses Armband steht als Symbol für deine Gewohnheits-Veränderung. Im Laufe des Tages wirst du somit immer wieder daran erinnert. Das Tragen des Armbands schafft ein automatisches Bewusstsein.

Über die letzten Seiten hinweg ist dir vermutlich aufgefallen, dass wir nicht nur deine momentane Situation analysiert haben, sondern sogar schon einen Schritt in Richtung Wunsch-Veränderung weitergegangen sind. In einem nächsten Schritt werden wir nun diese anvisierte Richtung in ein psychologisch "gutes Ziel" verwandeln.

Jetzt hast du hier noch einmal die Möglichkeit, in einer ruhigen Minute zu reflektieren, ob das, was du in diesem Kapitel ausgefüllt hast, genau so für dich passend ist. Ist das tatsächlich deine Veränderung Nr. 1, welche du momentan in deinem Leben vornehmen möchtest und welche dich zum Positiven verändern wird?

Falls du Unsicherheiten verspürst und dich nicht zwischen zwei Gewohnheiten entscheiden kannst, stelle deine Frage ins Extreme:

• Wenn du nur eine der beiden Gewohnheiten verändern könntest, welche wäre das?
• Wärst du zum Beispiel lieber gesund, aber unproduktiv, oder lieber produktiv, doch dafür krank?

Sei dir auch darüber klar und bewusst: Falls du zu sehr zwischen zwei verschiedenen Möglichkeiten schwankst, wird es sich vermutlich nur "um Millimeter" handeln. Letztendlich ist es unwichtig, mit welchem Punkt du beginnst, folge einfach deinem Bedürfnis – also deinem spontanen Bauchgefühl. Zu gegebener Zeit kannst du danach mit der zweitwichtigsten Gewohnheits-Veränderung starten.

Nicht vergessen: **Gewohnheiten sind ein Marathon, kein Sprint.**
Alles zu seiner Zeit.

Fälle nun eine Entscheidung.

Im nächsten Teil beginnen wir, dein Ziel psychologisch optimal zu setzen, zu strukturieren und uns darauf zu fokussieren: Wir kommen deiner Veränderung immer näher.

Zusammenfassung:

Um sich seiner allgemeinen Gewohnheiten bewusst zu werden, ist zum einen das eigenständige Reflektieren wichtig. Zum anderen kann es sehr hilfreich sein, Mitmenschen im eigenen Umfeld nach einem Feedback zu befragen.

Nachdem du dir all deiner Gewohnheiten bewusst geworden bist, stellt sich die Frage, welche Gewohnheit du verändern oder aufbauen möchtest. Welchen Auslöser, welches Verhaltensmuster und welche Belohnung folgt deiner momentanen Gewohnheit, und wie sieht der Gewohnheitskreislauf deiner neuen Gewohnheit aus?

Für die Veränderung ist es wichtig, sich auch im Alltag seiner Gewohnheiten bewusst zu werden. Optimalerweise wird dir bereits vor dem Auslöser deiner alten Gewohnheit bewusst, was geschehen wird. Um deine Gewohnheiten bewusster werden zu lassen, könntest du ein Tagebuch führen, dir einen Wecker stellen, um spezifischen Situationen entgegenzuwirken oder eine Art Erinnerungsarmband tragen, das dich tagsüber an deine Gewohnheits-Veränderung denken lässt.

5) Wie lange dauert eine Gewohnheits-Veränderung?

Wie lange dauert es nun, eine Gewohnheit aufzubauen oder zu ändern?

Hierzu gibt es verschiedene Zahlen. Sind es etwa 21 Tage? 30 Tage? 100 Tage?
Die Psychologie hat darauf eine klare Antwort. Zwei Faktoren spielen dabei eine Rolle:

1) Die Gewohnheit
Für die meisten Menschen ist es leichter, täglich nach dem Aufstehen ein Glas Wasser zu trinken als täglich eine Stunde Sport zu treiben. Dementsprechend wird es auch länger dauern, die neue Gewohnheit aufzubauen, von jetzt an täglich eine Stunde sportlich aktiv zu sein. Je komplexer der Aufbau der Veränderung ist, desto länger dauert es, die neue Gewohnheit aufzubauen.

2) Du selbst
Gleichzeitig kommt es auf dich als Person und auf deine Vergangenheit an.
Bist du von Natur aus relativ gerne sportlich aktiv, hast aber die letzten Jahre den Fokus darauf verloren?
Oder bist du jemand, der Sport noch nie richtig mochte und ihn auch in der Vergangenheit nicht wirklich praktizierte?

Es dauert definitiv länger, eine Gewohnheit aufzubauen, wenn du weniger Spaß daran findest und den Inhalt der neuen Gewohnheit in der Vergangenheit noch nie umgesetzt hast.

Nichtsdestotrotz lässt sich eine Zahl nennen: Es braucht im Schnitt 66 Tage, um eine neue Gewohnheit zu etablieren. Diese Zahl ergab eine Meta-Studie von *Lally und Kollegen* aus dem Jahr 2010, bei der mehrere Studien zum Thema Gewohnheiten zusammengefasst und genauer unter die Lupe genommen wurden. Gleichzeitig ist es wichtig zu unterstreichen, dass diese 66 Tage lediglich den Durchschnitt des Ergebnisses beschreibt und es, abhängig von den beiden oben genannten Faktoren, eine **Spannweite von 18-254 Tagen** gab.

Warum dauert dies so lange? Der Grund dafür liegt in deinem Gehirn, das sich "umbauen" und anpassen muss. Konkret bedeutet das, dass sich neue Verbindungen in deinem Gehirn knüpfen, auch werden neue Nervenzellen gebildet. Erst dann werden neue Wege eingeschlagen. Dies geschieht nicht von heute auf morgen, sondern über einen längeren Zeitraum hinweg.
Langsam baust du nach und nach ein neues Netzwerk in deinem Gehirn auf, woraus folglich die neue Gewohnheit entsteht.

Eine Gewohnheit aufzubauen bedeutet nicht, dass diese bis ans Ende deines Lebens vollautomatisch funktioniert. Selbst nach einem Jahr wird es Momente und Tage geben, an denen du weniger Lust verspürst, deine neu erworbene Gewohnheit durchzuführen. Es wird dir aber sicher leichter fallen, über diese Unlust hinwegzusehen, denn sie ist inzwischen zu einer festen Größe deines Alltags geworden.

Zusammenfassung:

Es ist schwer zu sagen, wie lange es dauert, eine Gewohnheit aufzubauen. Es hängt von der Gewohnheit selbst und auch von dir persönlich ab.

Manchen Menschen fällt es leichter, eine bestimmte Gewohnheit zu etablieren, als anderen. Im Schnitt baut man jedoch eine Veränderung in 66 Tagen auf.

Teil 2: ZIELBESTIMMUNG

6) Zielsetzung

In diesem Kapitel erarbeiten wir gemeinsam ein psychologisch wertvolles Ziel.
Vielleicht kennst du den Film "Alice im Wunderland". In einer der Szenen trifft Alice auf die
Katze im Wunderland. Dabei kommt es zu folgender Unterhaltung:

Alice: "Liebe Katze, kannst du mir bitte sagen, wie ich von hier aus weitergehen soll?"
Katze: "Das hängt zum großen Teil davon ab, wohin du möchtest."
Alice: "Ach, wohin ist mir eigentlich gleich..."
Katze: "Dann ist es auch egal, wie du weitergehst."

Um das Leben zu führen, welches wir gerne hätten, müssen wir wissen, was wir wollen.
Dieser Teil des Buches zeigt dir die Möglichkeit auf, eine genaue Definition des zu errei-
chenden Zieles oder der gewünschten Gewohnheit herauszuarbeiten. Damit erhöhst du
deine Erfolgschancen enorm.

Das zielorientierte Erarbeiten der Gewohnheit ist für uns grundlegend und gehört zu unserem zentralen Modell.

**Durch eine klare Ausrichtung auf die gewünschte Gewohnheit
bist du in der Lage, deinen Weg zum Ziel selbst zu steuern.
Du hast das Ruder in der Hand.**

Bitte beachte, dass ein Ziel gut geplant werden muss. Eine falsche oder ungenaue Zielsetzung kann durch das folgende Beispiel verdeutlicht werden. Es ist so, als würdest du
an einem Lehrgang teilnehmen und dich nur darauf konzentrieren, einen bequemen Platz
und einen angenehmen Nachbarn zu ergattern sowie eine gute Sicht auf den Referenten
zu haben. Dem eigentlichen Thema, auf welches es ankommt, schenkst du jedoch nicht
die nötige Aufmerksamkeit.

Nur den Fokus auf ein bestimmtes Ziel zu richten, wird nicht ausreichen, die eventuell ent-
stehenden Hindernisse vollkommen zu vermeiden. Doch nur ein Ziel gibt dir eine Orientie-
rung und lässt dich somit manche Entscheidungen leichter treffen.

Für die Gestaltung deines Ziels gibt es deshalb einige Punkte zu beachten. Erinnere dich
noch einmal an unser vorheriges Beispiel bezüglich des Sitzplatzes während des Lehr-
gangs. Trotz einer guten Zielformulierung muss man erkennen, dass auf dem Weg zum
Ziel auch Unangenehmes zu berücksichtigen ist. Beispiel: Die Person, die sich zu 100 %

auf ihre Karriere konzentriert, muss sich darüber bewusst sein, dass eventuell die Familie in den Hintergrund gedrängt wird. Jedes Ziel hat Vor- und Nachteile.
Aber keine Sorge, bei unserem Zielformat wirst du dir dessen bewusst.

Die sechs Grundpfeiler eines effektiven Ziels:

Sechs Grundpfeiler umfassen alle wesentlichen Bestandteile, um deinem Ziel mit mehr Freude und Motivation näher zu kommen:

1. Selbstbestimmtheit

Ein fundamentaler Baustein für jedes Ziel ist ein Gefühl von Selbstbestimmtheit. Wenn Menschen das Gefühl von Freiheit in ihrem Handeln haben und sich für etwas entscheiden, was ihren Werten entspricht und ihnen tatsächlich wichtig ist, dann sind sie selbstbestimmt. Worte wie "sollte" oder "muss" sind für Menschen in Momenten der Selbstbestimmtheit weniger relevant. Gleichzeitig bedeutet Selbstbestimmung auch, dass man nicht von falschen Werten geblendet wird, sondern sich authentisch entfalten kann.

• Welchen Sinn ergibt deine Ziel-Gewohnheit für dich persönlich?
• Für wen ergibt die Gewohnheit Sinn?
• Ist es dein eigener Wunsch oder kommt der Wunsch von einem anderen Menschen und somit von außen?

Wenn Leon beispielsweise anstrebt abzunehmen, nur weil seine Freundin das möchte, dann ist das kein selbstbestimmtes Ziel. Natürlich will Leon, dass ihn seine Freundin akzeptiert und liebt, aber abnehmen steht derzeit nicht auf seinem Plan. Sollte das Ziel jedoch von außen kommen, besteht die Gefahr, dass du dich niemals fühlen wirst, wie du es dir wünschst, selbst wenn du dieses einmal Ziel erreichst.

Sheldon und Elliot bewiesen bereits 1999, dass ein selbstbestimmtes Ziel deine Motivation, deine Ergebnisse und auch dein Wohlbefinden steigern.

Zunächst verspürst du eine langfristige Motivation. Genau diese Motivation führt früher oder später zu besseren Ergebnissen. Weil du nun ein gutes Ergebnis hast, das dir wirklich wichtig ist, verspürst du ein tieferes Gefühl des Wohlbefindens. Das Schöne daran ist, dass dieses positive Gefühl wiederum auch dein Gefühl an Selbstbestimmtheit steigert.

Es ist also eine Art Aufwärtsspirale:

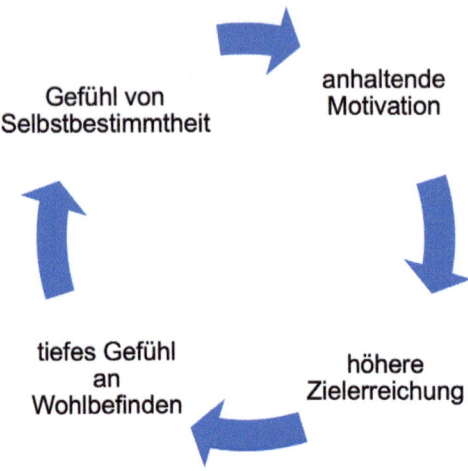

Überprüfe noch einmal, ob dein Ziel wirklich selbstbestimmt ist und schreibe danach hier dein vorläufiges, selbstbestimmtes Ziel auf:

2. Hin-zu-Motivation und Weg-von-Motivation

Es gibt zwei Arten der Motivation:

1. Positive Motivation: Man ist motiviert, sich einer positiven Sache anzunähern, um etwas zu erreichen. Deshalb haben positiv motivierte Menschen eine sogenannte "Hin-zu-Motivation".

2. Negative Motivation: Man ist motiviert, sich einer negativen Sache zu entziehen, um etwas zu vermeiden. Deshalb haben negativ motivierte Menschen eine sogenannte "Weg-von-Motivation".

Nehmen wir als Beispiel Noah und Lars, die sich dem Thema Rauchen widmen:

Noah ist positiv motiviert, denn er möchte das Rauchen aufgeben, um ein gesünderes Leben zu führen. Er möchte sich gesund und fit fühlen.

Lars ist negativ motiviert, denn er möchte das Rauchen aufgeben, da er ein Stechen in der Lunge verspürt, und er nicht das Gefühl haben möchte, ungesund zu leben.

Beide Beispiele zeigen deutlich, dass der "hin-zu" motivierte Noah etwas Positives in seinem Leben erreichen möchte. Der "weg-von" motivierte Lars möchte nur aufhören, um etwas Negatives in seinem Leben zu vermeiden.

Worin liegt hier nun der Unterschied? Beide sind motiviert, sich zu ändern, oder?
Das ist richtig, die Frage ist nur – für wie lange hält die Motivation an?

Eine wichtige Erkenntnis:
Wenn du negativ motiviert bist und etwas Schlechtes oder Ungutes vermeiden möchtest, führt der Schmerz deine Motivation und deinen Antrieb an. Du bist etwas leid, und genau das möchtest du ändern. Der negativ motivierte Lars hat es satt, sich ungesund zu fühlen. Was also nun passiert, ist, dass Lars mit dem Rauchen aufhört. Er ist sicher für eine Weile gut motiviert, genau das aufrecht zu erhalten. Und nach ein paar Wochen fühlt er sich auch tatsächlich besser: Er kommt nicht mehr so schnell aus der Puste, wenn er die Treppen bis in den 3. Stock seines Apartments nimmt. Er fühlt sich allgemein sogar wohl in seinem Körper. Das ist super!

Genau an diesem Punkt aber ist etwas Entscheidendes passiert:
Lars spürt jetzt keinen Schmerz und auch kein Stechen mehr in seiner Lunge. Dieser Schmerz jedoch war ausschlaggebend und genau seine volle Motivation, die zum Umdenken führte. Da der Schmerz nun aber endete, verpufft ab diesem Zeitpunkt jedoch seine Motivation. Er wird sich also ab und zu wieder eine Zigarette genehmigen, und

langsam aber sicher in alte Verhaltensmuster zurückfallen. Das wird jedoch nur bis zu einem bestimmten Punkt geschehen: Sobald er sich wieder ungesund fühlt, außer Atem gerät, wenn er die Treppen nimmt und er das Stechen in der Lunge verspürt, beginnt alles wieder von vorne. Lars wird erneut versuchen, das Rauchen aufzugeben, da der Schmerz zurückgekommen ist, welcher seine eigentliche Motivation war, das Rauchen zu beenden. Doch dies wird wieder nur so lange andauern, bis er keinen Schmerz mehr empfindet und erneut in alte Verhaltensmuster fällt.

Der Kreislauf wiederholt sich. Lars hat folglich eine schwankende Motivation.

Im Gegenzug ist Noah selbst nach 3 Wochen noch motiviert, weiter gesund zu leben. Seine positive Motivation ist relativ stetig. Natürlich gibt es Tage, an denen er weniger motiviert ist. Motivation schwankt von Natur aus, das ist normal. Schaut man sich aber Noahs unten aufgeführte Motivationskurve über ein paar Monate hinweg an, stellt man fest, dass er eine weitaus stabilere Motivation erfahren darf als Lars. Noahs positives Ziel ist es, gesund und fit zu sein, und dafür möchte er nie wieder rauchen. Selbst wenn er nur ein paar Tage erneut rauchen würde, wäre er weit von seinem gesetzten Ziel entfernt.

Aus der Psychologie wissen wir also: Positiv motivierte Menschen haben eine größere und stetige Motivation als negativ motivierte Menschen.

Die in der Grafik oberhalb der 0-Achse eingezeichnete Linie zeigt Noahs Motivationsverlauf (grüne Linie). Er ist dauerhaft im positiven Motivations-Bereich und relativ gleichbleibend motiviert. Ganz im Gegensatz zu Lars: Sein Verlauf unterliegt einer starken Schwankung (rote Linie).

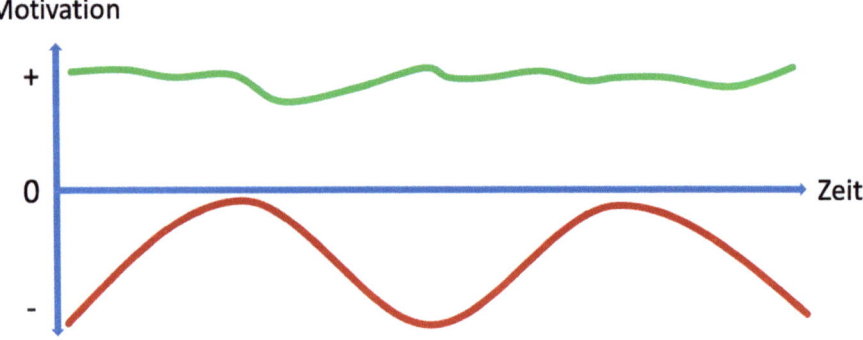

Jetzt fragst du dich bestimmt, *wie* du deine negative Motivation loswerden kannst. Zunächst ist es wichtig zu verstehen, dass unsere positive und negative Motivation in der Regel kein "Alles oder Nichts"-Prinzip ist. Meistens spüren wir beide Arten der Motivation in uns. Die Frage ist nur: in welchem Verhältnis zueinander.

Wir dürfen die negative Motivation auch nicht "verdammen", denn sie hilft uns, ungeahnte Stärken in uns zu wecken. Es ist jedoch wichtig, dass du dich langfristig auf die positive Motivation fokussierst, sonst wirst du sehr schnell in alte Verhaltensmuster zurückfallen. Grundsätzlich raten wir dir dazu, dich stärker mit der aktiven Gestaltung eines harmonischen Lebens zu beschäftigen, als dich auf die Lösung der Probleme deiner schlechten Gewohnheit zu konzentrieren. Der Grund hierfür ist einfach: In einem Fall konzentrierst du dich hauptsächlich auf das Problem, in dem anderen Fall aber konzentrierst du dich hauptsächlich darauf, *wie* du dein Leben tatsächlich führen willst.

Unsere Realität ist abhängig davon, auf welchen Punkt wir uns genau fokussieren. Wenn du deine positive Motivation steigern möchtest, dann fokussiere dich auf die positiven Dinge, auf die du dich *hin-zu* bewegen möchtest. Deshalb ist es so wichtig, ein persönliches positives Ziel ganz bewusst zu formulieren – und kein negatives Ziel, welches du vermeiden möchtest.

Lars hatte folgendes Ziel: "Ich will mich nicht mehr ungesund fühlen". Dieses Ziel hat er nun ins Positive umgewandelt: "Ich bin gesund und fit! ... Und das bleibt auch so."

Falls du es also noch nicht automatisch getan hast, formuliere *jetzt konkret* dein persönliches Ziel in einer positiven Aussage:

3. Handlung vor dem Ergebnis

In der Psychologie unterscheidet man klar zwischen "Input-Zielen" und "Output-Zielen".

Ein <u>Output-Ziel</u> ist auf das Resultat gerichtet. Beispiele sind: Ich möchte 10 Seiten lesen, ich möchte eine gute Note erhalten, ich möchte eine sportliche Figur und mehr Muskeln aufbauen, ich möchte achtsamer sein.

Im Gegenzug ist **ein <u>Input-Ziel</u> darauf fokussiert, was du an Anstrengung auf dich nimmst.** Beispiele sind: Ich lese täglich 30 Minuten fokussiert, ich lerne täglich nach der Schule eine Stunde, ich treibe 3x die Woche Sport, ich meditiere täglich 20 Minuten.

Wir legen dir ans Herz, dich auf deine Input-Ziele zu fokussieren, denn diese führen zu einer langfristigen Motivation, besseren Resultaten und mehr Freude.

Angenommen, du nimmst dir vor, täglich 10 Seiten in einem wissenschaftlichen Buch zu lesen. Dafür stehst du morgens extra 30 Minuten früher auf. Jede der 10 Seiten ist jedoch unterschiedlich an Inhalt und Komplexität, und vielleicht bist du einmal bereits nach 20 Minuten fertig, da du einiges vorab selbst wusstest und dir das Nachvollziehen des Textes diesmal schneller von der Hand ging. Was machst du nun nach 20 Minuten? Vielleicht wirst du dir erlauben, mit dem Lesen aufzuhören, da du dein Ziel nun erreicht hast, obwohl du noch 10 Minuten Zeit hättest. Das Buch ist jedoch noch nicht komplett durchgearbeitet, und es liegen noch viele Seiten vor dir. Nach 20 Minuten Lesezeit aufzuhören, ist doch Unsinn, oder?

Stell dir auf der anderen Seite einmal vor, du liest 30 Minuten und hast aber erst 8 Seiten geschafft, obwohl du fokussiert dabei warst. Die 8 Seiten waren dagegen sehr anspruchsvoll und haben all deine Zeit und deinen Fokus in Anspruch genommen. Nun, du hast 30 Minuten lang konzentriert gearbeitet und gelernt, bist jetzt aber unzufrieden, weil du dein Ziel von 10 Seiten nicht erreicht hast.
Wie du siehst, sind also beide Möglichkeiten nicht optimal.

Wenn du dich stattdessen aber auf ein "Input-Ziel" konzentrierst, dann sieht das anders aus. Wenn du täglich nach dem Frühstück 30 Minuten fokussiert in einem wissenschaftlichen Buch lesen möchtest, dann wirst du versuchen, die 30 Minuten voll auszuschöpfen, und du wirst dich danach immer gut fühlen, sofern du dies konsequent durchziehst.

Die Zielerreichung hängt zu 100 % von dir persönlich ab und nicht von deiner Lektüre oder anderen Faktoren – das motiviert. Bleib 2 Monate am Ball und stelle dir vor, wie weit du in diesem Fall mit dem Buch kommst.

Ein weiterer Grund für ein "Input-Ziel" ist, dich viel mehr auf das Hier und Jetzt zu fokussieren. Es geht um deine tägliche Handlung. Bei dem "Output-Ziel" hingegen behältst du immer das langfristige Ziel im Blick, welches du noch nicht erreicht hast. Du wirst dir dadurch täglich neu bewusst, welche Differenz zwischen dir und diesem langfristigen Ziel liegt. Das kann manchmal durchaus demotivierend wirken.

Fokussiere dich also auf deine heutige Handlung. Damit fühlst du dich schon jetzt erfolgreich, wenn du am Ball bleibst. Hier könnten wir sogar weiter in Richtung Glücksforschung ausschweifen, denn Glück ist nur im Präsens und nicht in der Zukunft zu finden.

Ein "Input-Ziel" macht also auch glücklicher, denn der Fokus geht weg von der Zukunft und wird mehr auf den unmittelbaren Moment gerichtet.

Hier findest du Beispiele von Input- und Output-Zielen:

Input	Output
30 Minuten lesen	10 Seiten lesen
Gesundes Müsli frühstücken	5 Kilogramm abnehmen
Tägliche Konversation mit 2 potenziellen Klienten führen	10 Coaching-Klienten generieren

Das Konzept von "Input- und Output-Zielen" ist auf viele Bereiche deines Lebens übertragbar.

Feile deshalb weiter daran und wandle dein selbstbestimmtes, positiv motiviertes Ziel in ein "Input-Ziel" um:

4. Herausforderndes und spezifisches Ziel

Wenn du dir ein Ziel setzt, dann stelle unbedingt sicher, dass dieses Ziel für dich persönlich eine gesunde Herausforderung darstellt und auch spezifisch ist.

Warum sollte ein Ziel herausfordernd sein?
Vielleicht kennst du diese Situation, dass Anlaufschwierigkeiten bei neuen Herausforderungen vorherrschen. Dafür gibt es zwei Gründe.

Erstens: Die Herausforderung ist zu leicht, und du langweilst dich. Schnell verliert man dadurch den Antrieb weiterzumachen.

Zweitens: Du bist gestresst, wenn du das Gefühl der Überforderung verspürst. Hier liegt die Gefahr, dass du aufgibst, bevor du überhaupt begonnen hast, dich an die Umsetzung der Ziele zu machen.

Deswegen solltest du dir ein Ziel setzen, welches einen Mittelweg darstellt. Die Aufgaben, die du für die Zielerreichung tätigen musst, sollen dich weder unter- noch überfordern. Das ist sehr wichtig.

In der Psychologie nennen wir das "Zone der nächsten Entwicklung". Diese Zone haben wir in der folgenden Grafik markiert. In diesem Bereich muss Neues erlernt werden, und du solltest dich anstrengen, um genau das zu erreichen, was du möchtest. Du musst dich also verbessern und hast gleichzeitig das Gefühl, es zu schaffen.
Das ist der optimale Bereich für deine Entwicklung.

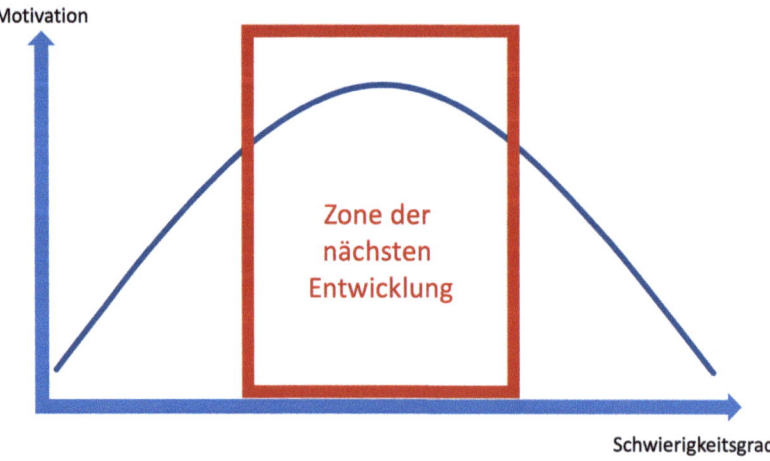

Warum sollte ein Ziel spezifisch sein?
Ein spezifisches Ziel ist messbar. Du kannst dabei ganz klar ablesen, ob du dein Ziel erreicht hast oder nicht. Am Ende des Tages solltest du eindeutig feststellen können, ob du
heute gewonnen oder verloren hast.
Klarheit ist wichtig!

Außerdem ist dein Fokus durch ein klar benanntes Ziel festgelegt. Deine Wahrnehmung
ist auf dieses Ziel gerichtet, und plötzlich bemerkst du viele Kleinigkeiten in deinem Umfeld, welche dir dabei helfen können, dein spezielles Ziel zu erreichen. Diese Dinge sind dir
jedoch zuvor noch gar nicht aufgefallen.
Dieses Konzept nennt man auch *"selektive Wahrnehmung"*.

Solange der Fokus da ist, tritt die selektive Wahrnehmung in Kraft.
Beispiel: Du möchtest dir ein bestimmtes Auto anschaffen. Plötzlich siehst du genau dieses
Auto ständig im Straßenverkehr sehen; zumindest viel öfter als jemals zuvor.

Darüber hinaus haben viele Menschen das Gefühl, dass ihr Ziel zu schwierig ist und nicht
in der sogenannten "Zone der nächsten Entwicklung" zu finden ist. Das liegt oft daran, dass
sie keinen konkreten Plan davon haben, was sie tun sollen.
Das stresst sie und nimmt Motivation.
Wenn aber ein spezifisches Ziel festgelegt wird und du klar definierst, was getan werden muss,
dann steigert das dein Gefühl an Kompetenz enorm. Du fühlst dich nicht überfordert. Wenn du
die ersten messbaren Ergebnisse erzielst, wirst du zudem eine große Motivation verspüren. Deine
Motivation steigt und wird immer größer, denn du weißt genau, was es als nächstes zu tun gibt.
Nachdem Klarheit geschaffen wurde, wird das Ziel greifbar und rutscht dann plötzlich in
die "Zone der nächsten Entwicklung".

Ein Beispiel für ein unspezifisches Ziel: "Ich treibe von nun an mehr Sport."
Dieses Ziel könnte man folgendermaßen in ein spezifisches umwandeln:
"Ich gehe montags, mittwochs und freitags nach dem Aufstehen direkt 30 Minuten joggen."

Wenn du es also nicht bereits getan hast, dann füge hier nun deinem Ziel die optimale
Würze an Herausforderung und Spezifikation hinzu:

5. Aktives Hier und Jetzt

Oft sind es Kleinigkeiten bei der Zielsetzung und/oder einzelne Worte, welche dich daran hindern können, dein Ziel zu erreichen.

Was glaubst du, ist an diesen Zielen nicht optimal?

• Ich werde täglich 20 Minuten joggen gehen
• Ich würde gerne täglich 20 Minuten joggen

In beiden Beispielen zeigst du deinem Gehirn an, dass du nicht derjenige bist, der 20 Minuten täglich joggen geht. Du bist jedoch derjenige, der dies in der Zukunft tun wird – oder du bist derjenige, der es als Wunsch hegt. Beide Male signalisierst du dir selbst, dass du dies momentan noch nicht praktizierst. Selbst nach zwei Monaten "wirst du..." oder "würdest gerne...", aber deine tatsächliche Handlung bleibt immer in der Zukunft – oder wird immer eine Wunschvorstellung bleiben.
Du trennst dich selbst von deinem Ziel.

Dein Gehirn strebt immer nach Einheitlichkeit. Dein Gehirn will kongruent zu deinen Aussagen und Gedanken handeln. Erzähle deinem Gehirn also nicht "Ich würde gerne.." oder "Ich werde..", sondern weise dein Gehirn genau und detailliert an, was du tatsächlich machst:

"Ich jogge jeden Tag 20 Minuten nach dem Aufstehen".

Falls du das bei der Formulierung deines Vorhabens noch nicht berücksichtigt hast, notiere hier nun das Update deines Ziels:

6. Den Rubikon überschreiten

Nachdem du dir ein Ziel gesetzt hast, ist es zum Abschluss dieses Kapitels wichtig, dein Ziel zu akzeptieren und zusätzlich den festen Entschluss zu treffen, etwas zu ändern.

Vielleicht kennst du die Redensart "den Rubikon überschreiten". Genau das wird jetzt deine Aufgabe sein. Diese Redewendung beschreibt eine Entscheidung, welche eine Verbindlichkeit mit sich bringt. Denn es gibt kein Zurück mehr, sobald du den Rubikon überschritten hast.

Der Rubikon ist ein Fluss in Norditalien. Diesen Fluss haben bereits Millionen von Menschen passiert, ohne einen bestimmten Gedanken daran verloren zu haben. Doch wenn man die Antike betrachtet, hat die Überquerung dieses Flusses einmal Geschichte geschrieben:
Im Jahr 49 v. Chr. überquerte Julius Cäsar mit seinen Truppen den Rubikon. Dies verstieß zum damaligen Zeitpunkt gegen die Regeln des Römischen Reiches. Julius Cäsar jedoch missachtete diese Regel und marschierte mit seinem Heer in südliche Richtung nach Rom. Das Überschreiten des Rubikons mit dem Heer bedeutete eine Kriegserklärung. Mit seinem berühmten Zitat "Die Würfel sind gefallen" war sich Julius Cäsar bewusst, dass es nach der Überschreitung des Flusses mit seinem Militär kein Zurück mehr gibt. Entweder würde er den Krieg gewinnen und alleiniger Herrscher des Römischen Reiches sein oder aber er würde seinen Kopf verlieren.
Somit besagt die Redensart "den Rubikon überschreiten", dass es kein Zurück mehr gibt, sobald man einmal eine gewisse Grenze überschritten hat.

Für dich bedeutet die Grenzüberschreitung die klare Formulierung deines endgültigen Ziels mit der gleichzeitigen Verpflichtung, den Veränderungsprozess zu starten.

In diesem letzten Abschnitt des Kapitels wirst du dein finales Ziel schriftlich festhalten und eine bewusste Entscheidung treffen, dieses Ziel anzugehen.

Gail Matthews untersuchte vor vielen Jahren, wie man die Chancen erhöht, sein Ziel zu erreichen. Er ließ Teilnehmer seiner Untersuchung folgende Punkte durchführen und verglich die Ergebnisse miteinander:

Die Teilnehmer formulierten ihre Ziele zuerst *mündlich*.
Danach sollte eine weitere Teilnehmergruppe diese Ziele zusätzlich *schriftlich* verfassen.
Die letzte Gruppe sollte zu ihrem schriftlich formulieren Ziel noch ein *regelmäßiges Erfolgsjournal* führen.

Seine Erkenntnisse aus der Untersuchung sind interessant:

☐ Menschen, die ihre Ziele *mündlich* formuliert hatten, waren zu 39 % erfolgreich.

☐ Menschen, die zusätzlich ihre Ziele *schriftlich* formulierten, hatten dagegen bereits eine Erfolgsquote von 60 %.

☐ Dieses Ergebnis wurde von der dritten Teilnehmergruppe noch übertroffen, die *zusätzlich* ein *Erfolgsprotokoll* führte. Diese Teilnehmer verzeichneten in der Untersuchung eine Zielerreichung von 78 %.

Das zeigt deutlich, dass das Aufschreiben der Ziele und die regelmäßige Kontrolle der Zielerreichung die Erfolgsquote stark erhöht, und zwar um das Doppelte.
Wir haben dir hier deutlich gemacht und aufgezeigt, dass das Grund genug dafür ist, deine Ziele aufzuschreiben.

Am Ende des Kapitels angelangt, bist du nun gut vorbereitet, um eine Veränderung einzuleiten. Gedanken wurden geschärft, Ziele formuliert.
Ab hier beginnt für dich nun eine Reise zu einem noch wertvolleren und zufriedeneren Leben.

Es fehlt nur noch eins: Steh jetzt auf und geh los.

Vertraue dir und überschreite deinen Rubikon: Konkretisiere dein finales Ziel jetzt und hier:

Zusammenfassung:

Die 6 Grundpfeiler eines effektiven Ziels:

1) Selbstbestimmtheit
Stelle sicher, dass dein Ziel nur von dir selbst und niemand anderem bestimmt wird.

2) Hin-zu-Motivation
Definiere in deinem Ziel genau, was du möchtest und nicht, was du nicht möchtest.

3) Handlung vor dem Ergebnis
Fokussiere dich auf dem Weg hin zu deinem Ziel auf bestimmte Handlungen bzw. Zwischenschritte, um erfolgreich zu sein - und nicht auf ein finales Endergebnis.

4) Herausfordernd und spezifisch
Stelle sicher, dass dich dein Ziel im richtigen Maße herausfordert und es spezifisch ist.

5) Aktives Hier und Jetzt
Formuliere dein Ziel im Präsens und so, als ob du es bereits verkörperst.

6) Den Rubikon überschreiten
Das Aufschreiben deines Ziels erhöht die Wahrscheinlichkeit des Erfolges um ein Vielfaches.

7) Zielsystem entwickeln

Nachdem du dein Ziel jetzt kennst, wirst du dir ein *Zielsystem* erstellen, das dich in der Umsetzung unterstützen wird.

In diesem Kapitel lernst du den Sinn eines solchen Zielsystems kennen und kannst damit selbstständig dein persönliches, maßgeschneidertes Zielsystem entwickeln.

Was ist ein Zielsystem?

Ein Zielsystem besteht aus verschiedenen Zielen, welche in einer Beziehung zueinander stehen. Diese Ziele können zusammen als ein "gemeinsames Ganzes" betrachtet werden. Bei einem Uhrwerk zum Beispiel greifen die Zahnräder ineinander, um ein gemeinschaftliches Ziel zu verfolgen. Erst wenn alle Zahnräder funktionieren, wird die korrekte Uhrzeit angezeigt.

Unser Zielsystem ist in drei Ebenen aufgebaut.

1. Übergeordnetes Warum
2. Hauptziel – Dieses Ziel hast du dir bereits in Kapitel 6 ("Dein Ziel") gesetzt.
3. Strategie

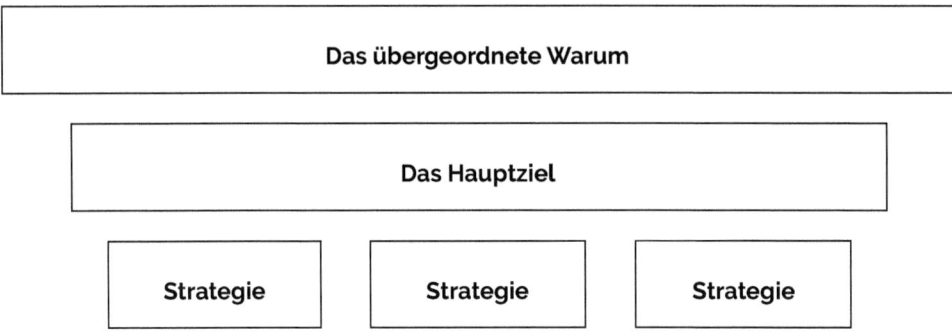

Um dieses System zu vervollständigen, benötigen wir dein *übergeordnetes Warum* und deine *Strategie*:

Übergeordnetes Warum

Das übergeordnete Warum ist deine Antwort auf die Sinnhaftigkeit deines anwendbaren Ziels, welches du dir im vorherigen Kapitel "Dein Ziel" bereits gesetzt hast.
Dieses "übergeordnete Warum" beschreibt deine Qualitäten, welche dir im Leben wichtig

sind, die du verkörpern und leben möchtest. Solche Qualitäten sind zum Beispiel Klarheit, Kreativität, Familie, Effizienz, Freiheit oder Abenteuer.

Ein "übergeordnetes Warum" ist kein Ziel, welches man erreichen und abhaken kann. Es ist etwas, was du täglich leben möchtest.

Es ist deshalb der größte Hebel für deine langfristige Motivation.

Es stellt sich die konkrete Frage, *warum* dieses Ziel so wichtig für dich ist. Wird dir das tiefere Warum bewusst, kann dir das eine eindrückliche und nachhaltige Motivation verleihen, die dich auch durch schwierige Momente auf dem Weg deiner Zielerreichung trägt.

Theresa zum Beispiel möchte produktiver sein. Ihr "übergeordnetes Warum" ist das tiefe Bedürfnis, ihr Leben wertvoll zu gestalten und zu nutzen. Sie möchte ihren Wert "Effektivität" aufleben lassen und damit Energie und Zielstrebigkeit ausstrahlen: Das ist ihr übergeordnetes Warum. Ihr Hauptziel ist es, morgens von 8 - 9 Uhr für ihr Studium an der Universität zu lesen und zu arbeiten, anstatt im Internet zu surfen.

Warum ist dein Ziel wichtig für dich?

Was ist dein "übergeordnetes Warum"?

Welcher Wert steckt hinter deinem konkreten Ziel?

Strategie

Eine Gewohnheit dauerhaft ins Leben zu integrieren, ist ein großes Ziel.

Ist es zudem ein sehr großes Ziel, ist es enorm wichtig, eine Strategie zu erarbeiten. Diese Strategie gibt dir immer wieder Kraft, um dauerhaft an diesem zu arbeiten.

Denke daran: *"Ein Ziel ohne einen Plan ist lediglich ein Wunsch."* – Antoine de Saint-Exupéry.

Deine Strategie besteht praktisch aus mehreren Teilzielen, welche du dir als kleinere Aufgaben und Vorbereitungen für das Hauptziel vorstellen kannst. Bei einem größeren Ziel wirst du wahrscheinlich mehr Teilziele haben als bei einem kleineren Vorhaben.

Theresas Hauptziel ist es, produktiv zu arbeiten und Bücher für ihr Studium zu lesen. Ihr fällt bereits jetzt auf, dass es eine gute Strategie ist, am Vorabend einige Dinge zu klären: Festzulegen, welches Buch sie für die Universität auswählt, entscheiden, wo sie in Ruhe das Buch lesen kann und mit wem sie das Gelernte später besprechen wird, sind hier wichtige Bausteine und Teile einer Strategie.

Der 3. Teil des Buches, "Werkzeuge", befasst sich ausschließlich mit Strategien, welche dir dabei helfen, dein Ziel zu erreichen. Du erhältst einen großen "Blumenstrauß" diverser Möglichkeiten, welche dich dabei unterstützen. Alle Werkzeuge, von denen du in diesem Teil liest und die du als hilfreich empfindest, werden zu deiner Strategie als Teilziele hinzugefügt.

Zum jetzigen Zeitpunkt bist du noch unvoreingenommen. Wir möchten diesen Moment nutzen. Notiere dir bereits jetzt Strategien, die du in der Vergangenheit gelernt hast oder die dir spontan einfallen. Alle weiteren Strategien, welche du im dritten Teil des Buches lernst und als hilfreich empfindest, kannst du hinzufügen und damit deine Strategie vergrößern, vertiefen und optimieren.

Welche Strategien kannst du bereits heute zu benennen, um dein Ziel zu erreichen?

Theresas vorläufiges Zielsystem:

Effektivität, Energie und Zielstrebigkeit ausstrahlen

Um 8 Uhr aufstehen und Bücher für die Universität lesen

Welche Bücher werde ich lesen	Wo kann ich in Ruhe die Bücher lesen	Mit wem werde ich die Bücher besprechen

Trage hier dein Zielsystem ein:

Natürlich kannst du dir auch selbst ein weißes Blatt Papier nehmen und dein eigenes Schaubild erarbeiten, denn im Laufe des Buches wird noch einiges zu diesem Zielsystem hinzugefügt.

Zusammenfassung:

Für dein Ziel gibt es immer ein "übergeordnetes Warum".
Dieses übergeordnete Warum beschreibt das Gefühl oder deine Werte, welche du anstrebst.
Dieses "übergeordnete Warum" ist ein großer Hebel deiner Motivation.
Das Ziel an sich ist lediglich die Art und Weise, dieses Gefühl oder deinen Wert zu verwirklichen.

Hinter deinem Ziel sollte immer eine Strategie stehen, die dir dabei hilft, dieses Ziel auch zu erreichen. Diese Strategie wird in Teil 3 des Buches genauer erläutert und erarbeitet.

8) Visualisierung

Du hast nun ein klares Ziel und eine klare Zielstruktur.
Dabei kontinuierlich am Ball zu bleiben, ist der Schlüssel zur nachhaltigen Veränderung.
Dein Ziel dient als Leuchtturm, welcher dir eine Richtung vorgibt. Behalte ihn fest im Auge.

In diesem Kapitel beschreiben wir die Funktion einer Visualisierungsübung und wie du diese am besten für dich nutzen kannst. Die Visualisierung ist eine Methode, deine Ziele in Bilder zu fassen. "Ein Bild sagt mehr als tausend Worte", deswegen wandle deine Ziele auch in Bilder um. Unser Gehirn nimmt Informationen als solche schneller und klarer wahr. Ein weiterer Vorteil liegt darin, dass wir uns an Visuelles viel besser erinnern. Diese "Verbildlichung" hilft dir dabei, deine Gewohnheit zur Realität werden zu lassen. Aus diesem Grund empfehlen wir dir, regelmäßig eine Visualisierungsübung durchzuführen.

Bereits Buddha meinte:

> *"Was du denkst, das wirst du. Was du fühlst, das ziehst du an.*
> *Was du dir vorstellst, das erschaffst du."*

Vielleicht hast du dich bereits mit dem Thema Visualisierung beschäftigt und dich dabei auf den Moment der Zielerreichung fokussiert. Wie es sein wird und wie man sich dabei fühlt, wenn man das Ziel endlich erreicht hat, beschreibt folgende Aussage:
Die Art der Visualisierung kann bereits eine enorme Motivation freisetzen.

Die Qualität der Visualisierung wird noch deutlicher gesteigert, indem man sich nicht nur das Endziel vor Augen führt, sondern eine bestimmte Handlungsabfolge. Der Vorteil einer Handlungsabfolge ist, dass man auch *den Weg zum Ziel* in seine Visualisierung mit einbezieht.

Um unsere Aussage zu verstärken, verwenden wir als Beispiel den Leistungssport. Ein professioneller Skispringer visualisiert nicht nur, wie er auf das Siegerpodest steigt. Er fokussiert seine Visualisierung vielmehr auf den Sprung selbst. Er stellt sich bildlich vor, wie er in der Sprungschanze Fahrt aufnimmt, stabil in den Skiern steht, zum perfekten Zeitpunkt abspringt und anschließend sicher landet. Bei dieser Art von Visualisierung fokussierst du dich nicht auf das Erreichen des Ziels, sondern auf die *einzelnen Handlungsschritte*, welche du täglich umsetzen solltest, um dein Ziel umzusetzen. Diese Form der Visualisierung gehört zur Standardübung von Athleten aller Sportarten.

Ein weiteres Beispiel dafür ist Ben, der seine Schlafgewohnheit auf den Prüfstand stellt und Schwierigkeiten mit dem frühen Aufstehen hat. Auch er fokussiert sich auf den Akt des Aufstehens. Er visualisiert, wie der Radiowecker klingelt und sein Lieblingslied spielt. Zusätzlich stellt er sich vor, anschließend ins Bad zu gehen. Dort sieht er bereits seine vorbereitete Kleidung für den Tag liegen, und er nimmt zuerst einmal eine angenehm heiße Dusche. Ben bereitet sich also mental auf den nächsten Morgen vor.

Wir empfehlen dir, dich in deiner Visualisierung auf ein ganz klares Verhalten zu konzentrieren, welches dir dabei hilft, dein Ziel zu erreichen. Visualisiere, *wie* du dich auf dem Weg zum Ziel verhältst, *wie* du dich fühlst, *wie* du sprichst.

Die Kernfrage lautet: Was tust du, um dein Ziel zu erreichen?

Der Fokus geht folglich weg von deinem Endziel (beispielsweise 80 kg zu wiegen) und hin zu deinen konkreten Handlungsschritten (Sport zu treiben, dich gesund zu ernähren).

Für die von uns empfohlene Visualisierungsmethode gibt es einen neurowissenschaftlichen Hintergrund. Bewegt sich ein Mensch, wird in seinem Gehirn eine bestimmte Region aktiviert. Diese Gehirnregion wird als "Brodmann´s Area 4" bezeichnet, sie ist für die *Bewegungen* zuständig.
Vereinfacht erklärt: Dieser Gehirnbereich gibt den Muskeln den Befehl, sich zu betätigen.

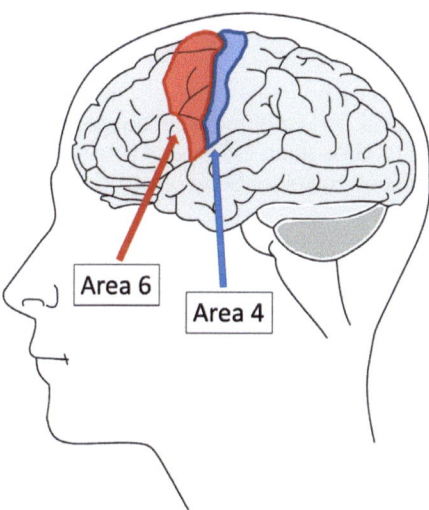

Ein weiterer Bereich im Gehirn ist für die *Planung von Bewegungen* zuständig. Dieser Gehirnbereich trägt die Bezeichnung "Brodmann´s Area 6". Diese beiden Gehirnregionen sind funktional voneinander getrennt, stehen aber in einer Abhängigkeit zueinander, wenn es darum geht, eine Handlung auszuführen.

Die Brodmann´s Area 6 ist eine Art Planungsstelle für alle Handlungen.

Die Brodmann´s Area 4 sendet den Befehl für die tatsächliche Ausführung der Bewegungen, die ein Mensch tätigt.
Anhand eines Beispiels werden wir das Zusammenspiel der Gehirnregionen verdeutlichen:

Nehmen wir an, du möchtest dir ein Glas Wasser aus der Küche holen.
Als erstes wird Brodmann´s Area 6 aktiviert, um einen Bewegungsplan zu erstellen, wie du an das Glas Wasser kommst. Bei solch einem einfachen Vorgang wird das Gehirn unbewusst einen Ablaufplan erstellen.

Als zweites wird Brodmann´s Area 4 aktiviert, die tatsächlich die Handlung ausführen lässt. Auch wenn der Ablauf in der Realität deutlich komplexer ist, reicht es aus, das Grundprinzip verständlich zu machen:

Brodmann´s Area 6 gibt Brodmann´s Area 4 den Auftrag, die Handlung wie geplant auszuführen.

Was passiert aber im Gehirn, wenn du dir lediglich vorstellst, ein Glas Wasser zu holen? Dann könnte man glauben, dass auch nur Brodmann´s Area 6 aktiv wird.

Man könnte annehmen, dass bei einer reinen Visualisierung Brodmann´s Area 4 überhaupt nicht aktiv wird, weil die tatsächliche Handlung nicht ausgeführt wird. Jedoch haben Neuropsychologen herausgefunden, dass auch Brodmann´s Area 4 minimal aktiviert wird. Dieser Impuls ist aber so gering, dass es zu keiner Bewegung oder Handlung kommt.

Was passiert aber, wenn wir dauerhaft dieselbe Visualisierung durchführen?
Das Gehirn wird immer wieder den Bewegungsplan aktivieren (Brodmann´s Area 6 und 4) und somit den Bewegungsablauf auf die tatsächliche Handlung vorbereiten. Wenn es dazu kommt, dass die Handlung tatsächlich ausgeführt wird, ist das für dein Gehirn eine Leichtigkeit, weil es bereits trainiert wurde.

Unser Gehirn entwickelt sich ständig weiter. Es arbeitet nach dem Prinzip „use it or lose it" – also „benutze es oder verliere es". Empfindet jemand zum Beispiel häufig Angst, so wird die "Angst-Region" im Gehirn (die Amygdala) aktiver. Das hat zur Folge, dass mehr Blut – und damit auch Nährstoffe – in diese Region des Gehirns befördert wird. Das hat zur Folge, dass dieser Bereich langfristig größer und besser vernetzt wird. Das Gehirn wird dort mehr Zellen aufbauen, und durch die bessere Vernetzung wird die Amygdala leistungsstärker. In diesem Bereich des Gehirns erhöht sich die Aktivität. Empfindet man aber im Umkehrschluss weniger Angst, dann geschieht das Gegenteil: Die Amygdala wird unterversorgt und das Angstempfinden auf ein Minimum reduziert. Dasselbe geschieht zum Beispiel mit deiner Willenskraft, deinen Emotionen und deinen Handlungen.

Aufgrund dieses Mechanismus, sich ständig anzupassen, funktioniert das Konzept der Visualisierung. Dein Gehirn passt sich an, stärkt die Brodmann's Area 6 und 4 für einen bestimmten Bewegungsablauf – es hilft dir dabei, deine persönliche Veränderung zu etablieren.

Bitte behalte im Hinterkopf, dass aufgrund der Verständlichkeit nicht alle Details der Neurowissenschaften dargelegt werden können. Wir haben hier bewusst nur einen Aspekt von vielen vereinfacht erklärt, welcher bei einer Visualisierung und einem Verhaltensmuster wichtig ist.

Handlungsaufforderung an dich:
Entwickle einen bildhaften Verhaltensablauf. Nimm dir soviel Zeit wie nötig und visualisiere den kompletten Ablauf ganz genau, so wie ein Leistungssportler es handhaben würde. Sobald du ein klares Bild davon hast, kannst du deine Visualisierung weiter ausbauen. Fokussiere dich auf diesen Prozess, denn er hilft dir, die nötigen Handlungen tatsächlich auszuführen.
Versetze dich am Ende der Visualisierung in die Situation, in der du das Ziel bereits erreicht hast. Das kann dich motivieren, es weiterhin fest im Blick zu behalten.

☐ Was siehst du?

☐ Welche Farbe siehst du?

☐ Gibt es einen bestimmten Geruch, ein Geräusch oder ein Gefühl, das du bemerkst?

Nachdem du deinen Verhaltensablauf – bis hin zur Zielerreichung – mit allen Sinneswahrnehmungen erschaffen hast, ist deine Vision perfekt.

☐ Was wirst du visualisieren?

☐ Was geschieht bzw. was unternimmst du?

☐ Was hörst du?

☐ Was siehst du?

☐ Was fühlst du?

☐ Riechst oder schmeckst du etwas?

Es gibt Ziele im Leben, von denen du noch nicht weißt, wie du sie erreichen kannst. Das ist jedoch kein Hindernis, denn es kommt im Leben manchmal anders als geplant. Trotzdem gilt es herauszufinden, was du schon morgen dafür tun kannst, um deinem Ziel einen kleinen Schritt näher zu kommen.

Solltest du dennoch ein genaueres Bild deines Verhaltens-Ablaufs wünschen, berufe eine Brainstorming-Stunde mit dir selbst ein, kontaktiere Freunde, bilde dich weiter oder vieles mehr. Genau dann bist du wieder bei den konkreten Handlungsschritten angelangt, und es ist bedeutend und wichtig, dass du dich auch gedanklich darauf fokussierst.

Nur wenn du zufrieden mit deiner Vision bist, kannst du diese immer wieder durchlaufen. Beispiel: Wenn du abends im Bett liegst und über den morgigen Tag nachdenkst, arbeitest du an deinem Verhaltens-Ablauf.

Zusammenfassung:

Visualisiere dein Vorhaben.

Der Fokus deiner Visualisierung ist auf deine Handlungen gerichtet, welche du durchführen wirst, um dein Ziel zu erreichen.

Das Endergebnis – das Erreichen deines Ziels – ist nicht im Fokus deiner Visualisierung. Durch die erhöhte Aufmerksamkeit auf die Handlungen selbst, ist es wahrscheinlicher, dass du tatsächlich die nötigen Schritte einleitest, um dein Endziel zu erreichen.

Teil 3: WERKZEUGE

Im ersten Teil des Buches wird beschrieben, wie Gewohnheiten funktionieren und wie du dir ein Bewusstsein für deine Gewohnheiten schaffst. Im zweiten Teil standen deine persönlichen Ziele im Vordergrund, die wir mit dir gemeinsam erarbeitet haben. Nun bist du soweit vorbereitet, dass du mit den Veränderungen deiner Gewohnheiten starten kannst.

In den folgenden Kapiteln stellen wir dir drei wirkungsvolle Hilfsmittel vor, die dich bei der Erreichung deiner Ziele unterstützen werden. Diese drei Hilfsmittel basieren auf der Theorie des geplanten Verhaltens. Wir zeigen dir, wie du die Werkzeuge effizient nutzen kannst, um dir die Umsetzung deines Vorhabens zu erleichtern.

9) Die Theorie des geplanten Verhaltens

Die "Theorie des überlegten Handelns" war die ursprüngliche Fassung, die erstmals von den Psychologen Icek Ajzen und Martin Fishbein im Jahr 1975 in die Öffentlichkeit getragen wurde. In den folgenden Jahren erweiterte man diese Theorie. Daraus entstand die neue "Theorie des geplanten Verhaltens".

Diese besagt: Ob du eine bestimmte Handlung ausführen wirst oder nicht, hängt vorrangig von deiner persönlichen Intention ab. Nur wenn du wirklich die Absicht hast, etwas Bestimmtes zu tun, wirst du es mit hoher Wahrscheinlichkeit auch realisieren.
Wir sprechen hier nicht von einem Wunschdenken, wie z: B. „Ich würde gerne…".
Wir sprechen von einer ganz klaren und überzeugten Absicht, zu handeln. Die Intention zur Verhaltensveränderung hast du bereits im vorherigen Teil mit deinem klar definierten Ziel festgelegt.

Deine Intention, etwas zu tun, hängt von 3 wesentlichen Kernfaktoren ab:

• deinem Gefühl von **Kontrolle** über die Situation und dich selbst

• deinem **Umfeld** und

• deiner **Einstellung** gegenüber der Veränderung

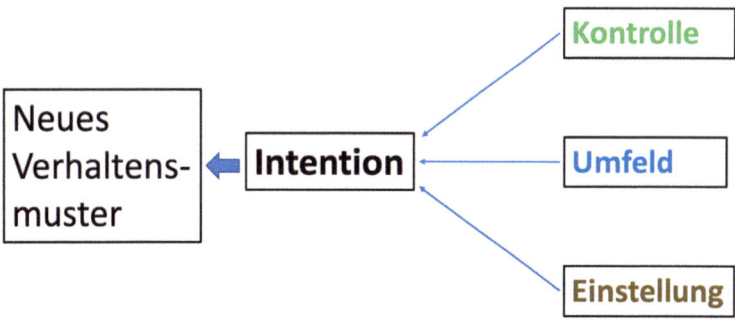

Trotz eines konkreten Vorhabens fällt uns die Umsetzung jedoch oft schwer.
Damit du die Verhaltensänderung erfolgreich bewerkstelligen kannst, geben wir dir diese drei Kernfaktoren als Werkzeuge an die Hand, da sie deinen Willen stärken und deine Absicht festigen werden.

1. Deine wahrgenommene Kontrolle

Wenn du die Fähigkeit und Willenskraft für dein Handeln sowie die Klarheit über deine Situation besitzt, hast du das Gefühl von Kontrolle.

Dazu ein Beispiel: Ben möchte seinen Schlafrhythmus wieder ins Lot bringen und früher zu Bett gehen. Er hat das Gefühl von Kontrolle, wenn:

- er mithilfe eines Planes Klarheit schafft und im entscheidenden Moment weiß, was er tun muss – selbst wenn etwas dazwischen kommt **(Klarheit schaffen)**.

- er das Gefühl hat, genug Willenskraft und auch die Fähigkeit besitzt, seine mentalen Hindernisse zu überwinden, frühzeitig ins Bett zu gehen **(Resistenz überlisten)**.

Zusammenfassend ist es wichtig, dass du Klarheit für dein Handeln schaffst und deine innere Resistenz in schwierigen Situationen überlisten kannst. **Diese beiden Aspekte zeigen dir die wahrgenommene Kontrolle über dein Verhalten.**

Mehr zum Thema „wahrgenommene Kontrolle" erfährst du im gleichnamigen Kapitel.

2. Dein Umfeld

In diesem Abschnitt befassen wir uns mit deinem sozialen Umfeld bzw. deinen Bezugspersonen und wie sie die Umsetzung deiner Vorhaben beeinflussen können.

Wenn du Menschen um dich hast, die die gleichen Handlungen ausführen bzw. das gleiche Vorhaben anvisieren, werden sie dich in deiner Verhaltensänderung positiv beeinflussen und dich in deiner Entwicklung bestärken. Auch die Erwartungen, welche deine Mitmenschen von dir haben, spielen dabei eine große Rolle. Je mehr Stärke, Willenskraft und Durchsetzungsvermögen dir von deinen Bezugspersonen zugesprochen werden, desto wahrscheinlicher ist es, dass du dein geplantes Handeln auch realisieren wirst.

Ergänzend wird auch das räumliche Umfeld deine Handlungen beeinflussen.

Dazu folgendes Beispiel: Sophia möchte täglich 20 Minuten meditieren und hat die Möglichkeit, passende Bedingungen dafür zu schaffen, wenn

- sie Personen in ihrem direkten Umfeld hat, die ebenfalls täglich meditieren und dasselbe von ihr erwarten **(soziales Umfeld)**.

- sie sich beispielsweise einen Raum gestaltet, in dem sie sich wohl fühlt, um sich 20 Minuten zu entspannen **(räumliches Umfeld)**.

Zusammenfassend nimmt somit dein soziales sowie dein räumliches Umfeld erheblich Einfluss auf deine Gewohnheiten. Wie du dir ein solches Umfeld gestalten kannst, lernst du im weiterführenden Kapitel "Dein Umfeld" kennen.

3. Deine Einstellung

Wenn du auch in kritischen Momenten der Überzeugung bist, dass dein neues Verhaltensmuster eine positive Veränderung in dir hervorruft, dann wird deine (positive) Einstellung deine Pläne zur Umsetzung bestärken und die Veränderungen langfristig beeinflussen.

Nehmen wir Leon als Beispiel: Leon möchte täglich 20 Minuten joggen und hat die richtige Einstellung, wenn

- er davon überzeugt ist, dass Sport ihn vitaler macht und ihm damit eine positive Veränderung beschert. **(Die Flamme am Leben halten.)**

- er am Ball bleibt, auch wenn es zu Rückschritten kommt. Leon ist überzeugt davon, mit Rückschlägen umgehen zu können und diese problemlos zu meistern. **(Mit Hindernissen umgehen.)**

Halte nicht nur die Flamme für deine neu gewonnene Gewohnheit am Leben, sondern halte auch bei Hindernissen an deiner positiven Einstellung fest. Sei überzeugt von dem, was du tust, und motiviere dich selbst mit deiner mentalen Stärke.
Auch kritische Momente werden mit der richtigen Überzeugung, mentalen Stärke und einer positiven Einstellung einfacher zu überwinden sein, und das Ziel wird weiterhin verfolgt. Wie du das schaffst, erfährst du im weiterführenden Kapitel "Deine Einstellung".

Die Theorie des geplanten Verhaltens kann mit einer Bibliothek verglichen werden. Eine Bibliothek hat viele verschiedene Bücher im Angebot. Natürlich kannst und möchtest du nicht alle lesen. Manche Bücher empfindest du als unwichtig, mit anderen Themengebieten kennst du dich bereits aus. Was machst du also? Du wirfst einen Blick in die Bücher, entscheidest, welche dir gefallen und nimmst dir welche mit, die dich interessieren. Alle anderen lässt du einfach stehen. Wenn dir mit der Zeit auffällt, dass du doch noch weitere Bücher benötigst, kehre zurück, um weitere Literatur zu holen.

Beispielsweise stellst du zunächst fest: Dein wichtigster Aspekt ist die wahrgenommene Kontrolle. Nimm die eine oder andere Strategie, welche du im 3. Teil des Buches findest, in deine eigene Strategie auf. Wenn du merkst, dass noch weitere Strategien nötig sind, besteht die Möglichkeit, zu diesem Buch zurückkehren und dein Zielsystem mit weiteren Strategien zu erweitern oder zu verändern.

Welcher der drei Aspekte (Kontrolle, Umfeld, Einstellung) nun am wichtigsten für dich ist, hängt zum einen von der Zielgewohnheit ab, zum anderen hängt es von dir selbst ab. Welche der drei Faktoren hast du bereits gut gemeistert? Wo könntest du noch etwas nachlegen und dich verbessern? Die Antwort fällt bei jedem unterschiedlich aus.

Die Theorie des geplanten Verhaltens kann dir dabei helfen, zu erkennen, warum du es bis jetzt noch nicht geschafft hast, dich zu verändern. Dein sogenanntes „Problem" ergibt nun einen Sinn! Es ist ganz logisch, warum du dich damals nicht einfach verändern konntest. Manchmal ist es nur eine kleine Stellschraube, die angepasst werden muss. Suche dir also im weiteren Verlauf des Buches die Werkzeuge und Strategien aus, welche dich in deiner Veränderung unterstützen, und füge sie als Teilziele deinem Zielsystem hinzu.

Wir möchten anmerken, dass wir die Theorie angepasst und verändert haben, damit sie dem Zweck des Buches und dem Thema „Gewohnheiten" perfekt gerecht wird.

Beispielsweise spricht die Theorie zusätzlich auch weitere Faktoren an, für die man weniger Verantwortung hat, also bestimmte *Umstände*. Diese Umstände sind deine Persönlichkeit, demographische Faktoren wie dein Alter, Geschlecht, Beschäftigung, sozioökonomischer Status, Religion, Ethnie, Bildung – und auch weitere Umweltfaktoren, auf die du keinen Einfluss hast, also wirkliche Einschränkungen. Wenn du dich jedoch auf deinen möglichen Handlungsspielraum fokussierst, wird das mehr als genug sein, um deine Gewohnheiten verändern zu können.

Wir haben uns jedoch auf drei wesentlichen Werkzeuge konzentriert, die ausschlaggebend für dein Handeln sind.
Im nachfolgenden Kapitel lernst du diese Werkzeuge noch intensiver kennen, um eine Verhaltensänderung hervorzurufen und neue Gewohnheiten nachhaltig aufbauen zu können.

Zusammenfassung:

Ob du eine bestimmte Handlung ausführst oder nicht, hängt vorrangig von deiner persönlichen Intention ab.

Nur wenn du wirklich die Absicht hast, etwas Bestimmtes zu tun, wirst du es mit hoher Wahrscheinlichkeit auch realisieren.

Deine Intention, etwas zu tun, hängt jedoch von 3 Kernfaktoren ab:

- deinem Gefühl von **Kontrolle** über die Situation und dich selbst
- deinem **Umfeld**
- deiner **Einstellung** gegenüber der Veränderung.

Diese drei Kernfaktoren stellen den Fokus im dritten Teil dieses Buches dar, um deine Strategie auszuarbeiten.

10) Wahrgenommene Kontrolle

In diesem Kapitel beschreiben wir, wie man ein Gefühl von Kontrolle über die Umsetzung der neuen Gewohnheit erlangen kann. Im Detail werden wir uns mit folgenden Themen befassen: Klarheit schaffen und Resistenzen (den "inneren Schweinehund") überlisten.

Sicher hast du schon mehrfach versucht, eine neue Gewohnheit ins Leben zu rufen. Obwohl du alles probiert und getan hast, hat es einfach nicht funktioniert, die Gewohnheit dauerhaft zu etablieren. Was aber muss bei einem neuen Versuch verändert werden, damit das Vorhaben nicht das gleiche Schicksal erleidet?
Wir müssen uns gedanklich neu orientieren.
Das ist wichtig, da wir in der Regel immer wieder an denselben Problemen scheitern.

Die Hindernisse, die uns davon abgehalten haben, konnten in der Vergangenheit wahrscheinlich nicht richtig überwunden werden. Kommt es nun bei einem erneuten Versuch zu dem gleichen Problem, fühlt man sich oft machtlos: Ein richtiger Lösungsansatz für deine persönlichen Hindernisse ist nicht in Sicht.

Oft hört man in dieser Situation den Satz: "Ich weiß nicht, was ich noch tun kann." Diesen Zustand nennen Verhaltenspsychologen "erlernte Hilflosigkeit".

Erstmalig wird der Begriff "erlernte Hilflosigkeit" von dem amerikanischen Psychologen Martin Seligman 1969 verwendet. „Erlernte Hilflosigkeit" bedeutet, dass man wieder einmal beim Versuch, einen Missstand zu beseitigen, gescheitert ist. Dadurch stellt sich bei vielen Menschen das Gefühl ein, gegen ihre Probleme machtlos zu sein. Sie können keinen Ausweg finden. Dieser Gedanke ist, wie man sicherlich gut verstehen kann, sehr unangenehm. Folglich ist das Aufgeben vorprogrammiert, und der persönliche Missstand wird akzeptiert. Eine Hilflosigkeit stellt sich ein. Innere Stimmen wie "Ich kann das doch nicht" oder "Das ist mir alles zu viel" sind ganz natürliche Folgen.
Hierzu ein Beispiel: Noah hat bereits fünfmal versucht, das Rauchen aufzugeben, aber er ist immer wieder in alte Muster zurückgefallen. Egal, was er auch anstellt, es funktioniert nicht. In Noah entsteht das Gefühl der Machtlosigkeit. Er hat sich somit seine Hilflosigkeit regelrecht antrainiert. Die Folge davon ist, Noah resigniert und gibt auf, sich das Rauchen abzugewöhnen; und er akzeptiert darüber hinaus die Folgen seines Nikotinkonsums.

10.1 Klarheit schaffen

Eines der wichtigsten Dinge, die du tun kannst, um dein Gefühl von Kontrolle zu steigern, ist es, Klarheit zu schaffen. Dadurch weißt du, was es für dich zu tun gibt. Du verkörperst Selbstvertrauen und Souveränität.

Klarheit verringert das Gefühl, etwas aufschieben zu wollen, denn das Ziel wird klar und deutlich anvisiert.

Den Zusammenhang möchten wir dir anhand folgender zwei Beispiele verdeutlichen: Theresa muss noch sehr viel für ihr Examen lernen, es fühlt sich wie ein riesiger Berg Arbeit an (**Unklarheit**). Das führt dazu, dass sie sich gestresst fühlt (**Stress**). Um dieses Gefühl auszugleichen, verbringt sie lieber etwas Zeit auf Social-Media-Kanälen (**Aufschiebung**).
Ein weiteres Beispiel ist Leon, der sich eigentlich vorgenommen hat, morgens möglichst täglich Sport zu treiben. Für ihn fühlt es sich jedoch nach enorm viel Arbeit an: Das Aufstehen, die Vorbereitung, sich zu entscheiden, welchen Sport er treiben möchte, sich motivieren etc. (Unklarheit). Das stresst ihn (Stress), und deshalb bleibt er einfach etwas länger im Bett liegen (Aufschiebung).

Klarheit zu schaffen, steigert das Gefühl von Kompetenz, verringert Stress und letztendlich auch das Bedürfnis, etwas aufzuschieben. Ein klares Ziel zu definieren (Teil 2 des Buches), hat dir dabei bereits geholfen. Hier sind weitere Tipps, wie du Klarheit schaffen und deine wahrgenommene Kontrolle steigern kannst:

1) Nimm deine Gewohnheit "Huckepack"

Diese Strategie kann direkt von der wissenschaftlichen Definition der Gewohnheiten abgeleitet werden: "Eine Gewohnheit ist ein System, bei dem ein bestimmtes Verhalten durch einen bestimmten Auslöser automatisch hervorgerufen wird." Du reagierst mit deinem Verhaltensmuster somit immer auf einen vorangegangenen Auslöser.

In dieser Strategie geht es darum, einen festen Auslöser zu bestimmen. Ein optimaler Auslöser ist eine Gewohnheit, die du bereits in deinem Alltag integriert hast (wie z.B. aufzuwachen, Zähne zu putzen, von der Arbeit nach Hause zu kommen, Mahlzeiten vorzubereiten etc.).

Der Sinn dahinter ist: Führe deine neue Gewohnheit direkt nach einer bereits etablierten Gewohnheit durch. So nimmst du deine neue Gewohnheit einfach "Huckepack" auf eine alte Gewohnheit.

Beispiel: Nachdem Leon von der Arbeit kommt (alte Gewohnheit), geht er direkt zum Joggen (neue Gewohnheit). Das neue Vorgehen wird in seinen Alltag integriert, so dass er nach kurzer Zeit automatisch, sobald er von der Arbeit nach Hause kommt, zum Joggen gehen wird.

Wichtig dabei ist, dass du die bereits etablierte Gewohnheit immer vor der neuen Gewohnheit ausführst, da die alte Gewohnheit als Auslöser dient und die neue Gewohnheit darauf folgt. **Ohne Auslöser ist das Aufschieben vorprogrammiert**, und die Gewohnheit versickert innerhalb einiger Tagen oder spätestens nach wenigen Wochen.

Diese Strategie empfehlen wir jedem, dem es möglich ist, sie im Alltag zu integrieren. Da die Durchführung der neuen Handlung immer mit einem festen Zeitpunkt verknüpft ist (hier: immer, wenn Leon von der Arbeit kommt), kannst du dich schneller auf die neue Gewohnheit einstellen und sie fest verankern. Ob Leon nun um 16:30 Uhr oder um 17:30 Uhr von der Arbeit nach Hause kommt, ist unwichtig. Der Auslöser bleibt derselbe.

Welcher Auslöser eignet sich besonders für deine neue Gewohnheit?

2) Wenn-dann-Strategien

Nicht jeder kann sein neues Verhalten auf bereits integrierte Gewohnheiten aufbauen. Manche Menschen müssen stets flexibel bleiben, sich täglich auf neue Situationen einstellen und Ihren Tagesablauf entsprechend anpassen. Für diese Personengruppe gibt es die sogenannte "Wenn-dann-Strategie". Diese Strategie ist eng verwandt mit dem "Huckepack-nehmen" neuer Gewohnheiten, aber dennoch etwas anders gelagert.

Es ist wichtig, sich auf die kritischen Momente vorzubereiten, allzu schnell sind wir im Eifer des Gefechtes überwältigt, gestresst oder müde. Wenn du dich genau in so einem Gefühlszustand wiederfindest, wirst du dich meist für die bequemste – und am wenigsten forderndste – Option entscheiden. Du bringst keine Energie mehr auf, eine richtige Entscheidung zu treffen.
Hier kommt jetzt deine "Wenn-dann-Strategie" ins Spiel: Auf welche optimale Art und Weise könntest du bei einer bestimmten Situation reagieren?

Folgende Beispiele erklären dir diese Strategie:
Theresa möchte ihre Studienaufgaben nicht mehr aufschieben und vor allem nicht mehr so viel Zeit auf Social-Media-Plattformen verbringen. Deshalb legt sie diese Strategie fest: "Wenn ich mich im Laufe des Tages müde und kraftlos fühle, dann gehe ich 10 Minuten spazieren, um den Kopf frei zu bekommen".

Noah beschließt etwas anderes: "Wenn ich von der Arbeit nach Hause komme und das Bedürfnis nach einer Zigarette spüre, dann gehe ich direkt und ohne zu zögern eine Runde joggen, um frische Luft zu schnappen".

Ben möchte früher ins Bett gehen. Wenn er nach Hause kommt, sieht seine Frau oft fern, und er setzt sich in der Regel dazu. Das führt dazu, dass er bis spät in die Nacht auf dem Sofa liegt und nicht genug Schlaf bekommt. Also legt Ben fest: "Wenn ich abends gemeinsam mit meiner Frau fernsehe, dann stelle ich mir den Wecker auf eine Stunde, werde danach ins Bett gehen und schlafen."

Wie du siehst, sind diese "Wenn-dann-Strategien" sehr individuell. Kannst du dir vorstellen, dass eine solche Strategie auch für dich hilfreich sein könnte?

Wie könnte deine "Wenn-dann-Strategie" aussehen?
Wann würdest du diese Strategie einsetzen?

3) Erinnerungen

Besonders in den ersten 10 Tagen hört man die Aussage "Ich hab's einfach vergessen" ziemlich oft. In Kapitel 4 (Bewusstsein für deine Gewohnheiten schaffen) sprachen wir über die Wichtigkeit der bewussten Reflektion. Wenn du eine fest integrierte Gewohnheit verändern möchtest, ist es wichtig, aus dem bisherigen unbewussten Kreislauf auszubrechen. Das funktioniert am besten, indem du dir bewusst darüber wirst, was gerade passiert. Eine Erinnerung kann dir dabei helfen, dir dein Vorhaben wieder ins Bewusstsein zu rufen, gewohnte Verhaltensweisen abzuschaffen und neue Handlungen zu integrieren.

Die vorherigen zwei Strategien "Huckepack" und "Wenn-dann-Strategie" können dich dabei unterstützen, denn beide sprechen von Auslösern – und Auslöser sind praktische Erinnerungen.

Wenn du aber keine der beiden Strategien anwenden kannst aber eine weitere Erinnerung möchtest, dann ist eine dieser folgenden simplen Strategien eventuell etwas für dich:

- Stelle dir einen Wecker
- Programmiere dein Handy so, dass es dich regelmäßig und rechtzeitig erinnert
- Schreibe dir eine Erinnerungs-Liste
- Trage z.B. ein neues Armband, das dich an deine neue Gewohnheit erinnert

Stelle sicher, dass du zur richtigen Zeit bewusst an deine neue Gewohnheit denkst, und der Grund "Ich hab's einfach vergessen" nie wieder deine Veränderung hemmt.

Was könnte dir als Erinnerung dienen?

4) Vorbereitende Gewohnheiten

Jede Gewohnheit resultiert aus Vorbereitungen, die durchzuführen sind, *bevor* du diese ausübst. Die Wahrscheinlichkeit steigt, dass du die eigentliche Gewohnheit auch zulässt, sofern du dich **bereits davor** um die Vorbereitungen kümmerst.

Dazu ein Beispiel: Um trainieren zu können (Gewohnheit), musst du deine Sporttasche richten und packen, deine Trinkflasche auffüllen und ins Fitnessstudio fahren (Vorbereitungen).

Ich (Marco) lege beispielsweise jeden Abend mein Meditationskissen in die Mitte meines Zimmers, halte mir ein frisches Glas Wasser für den nächsten Tag bereit und stelle sicher, dass mein Wecker am nächsten Tag um 7 Uhr klingelt. Das gibt mir genug Zeit, vor meinem Arbeitstag 20 Minuten zu meditieren. Das sind meine eigenen vorbereitenden Gewohnheiten.

Inwiefern schafft das Klarheit?

Nachdem ich morgens aufgestanden bin, kann ich mich direkt meiner (neuen) Gewohnheit widmen: Ich setze mich hin, starte meine Meditations-App und beginne zu meditieren. Zusätzlich erinnert mich morgens der Meditationssitz daran, meine neue Gewohnheit auszuführen (Erinnerungsstütze).

Versuche, so viel als möglich vorzubereiten, um Klarheit zu schaffen und Stress zu vermeiden, um direkt mit der neuen Gewohnheit beginnen zu können.

Diese Methode ist übrigens die optimale Überleitung für das nachfolgende Thema "Resistenz überlisten", denn die vorbereitende Gewohnheit hilft dir dabei, Resistenzen zu überwinden.

Welche Vorbereitungen kannst du im Vorfeld treffen, um somit Klarheit schaffen?

Zusammenfassung:

Wir bieten 4 Strategien für das Schaffen von Klarheit:

1) Nimm deine Gewohnheit "Huckepack"
Ein Auslöser deiner neuen Gewohnheit kann eine bereits in deinem Leben etablierte Gewohnheit sein. Du nimmst also einfach dein neues Verhaltensmuster auf ein altes Verhaltensmuster "Huckepack".
Beispiel: "Nach dem Aufstehen meditiere ich."

2) Wenn-dann-Strategie
Es gibt Momente, in denen du ungünstig reagierst. Du triffst die leichte, aber nicht richtige Entscheidung. Eine "Wenn-dann-Strategie" zu erstellen bedeutet, dass du eine klare Entscheidung darüber triffst, wie du reagierst, wenn eine bestimmte Situation eintrifft.

3) Erinnerungen
Stelle sicher, dass du deine Gewohnheit nicht vergisst. Baue Mechanismen auf, welche dich an dein Vorhaben erinnern, sei es ein Wecker, eine Erinnerungsliste oder ein Erinnerungsarmband.

4) Vorbereitende Gewohnheiten
Um dein geplantes Verhaltensmuster auch durchzuführen, ist es in der Regel notwendig, mehrere Vorbereitungen zu treffen – sei es, deine Sporttasche zu packen, ein Glas Wasser zu holen oder gesundes Gemüse im Kühlschrank zu haben. Vorbereitende Gewohnheiten sind Aktivitäten, die genau diese Vorkehrungen treffen – lange vor der geplanten Gewohnheit.

10.2 Resistenz überlisten

Wir alle kennen das Gefühl der Resistenz: eine innere Unlust, die sich in uns breitmacht. Es fühlt sich an, als ob man in diesen Momenten unter keinen Umständen auch nur einen Hauch an Motivation verspürt. Aus diesem Motivationsloch heraus schleichen sich Gedanken ein, die es dir erlauben, heute einmal eine Pause einzulegen: „Ich kann das auch noch morgen machen", "Vielleicht ist es sogar besser, wenn ich das erst heute Abend erledige", oder "Es wäre sogar produktiver, heute 10 Minuten länger zu schlafen".

Motivation ist kein kontinuierlicher Freund, welcher stets treu an deiner Seite bleibt. Motivation kommt und geht. Im Verlauf deiner Reise, eine Gewohnheit aufzubauen, wird deine Motivation jedoch immer irrelevanter. Du lernst, mit Unlust umzugehen, weil du Gewohnheiten etablierst, welche sich von Motivation loslösen.
Du agierst automatisch.

Erinnere dich:
Motivation bringt dich zu Beginn in Gang, Gewohnheit bringt dich langfristig voran.

In diesem Teil geben wir dir 4 Strategien mit auf den Weg, die dir helfen, in Momenten der Unlust über deinen Schatten zu springen, um dein Motivationstief zu überwinden.

1) Babysteps

Ich (Marco) habe vor Kurzem den Meilenstein 3 Jahre täglicher Meditation erreicht. Um ehrlich zu sein, habe ich in diesen 3 Jahren ungefähr 5x nicht meditiert. Erwähnenswert ist natürlich, dass ich vor diesen drei Jahren etwa ein Jahr dazu benötigt habe, um letztendlich ernsthaft mit dem täglichen Meditieren zu beginnen. Es war genau der Moment, in dem ich die Wichtigkeit der Meditation verstanden habe. Vor ca. 3 Jahren begann ich zunächst mit einer täglichen 5-Minuten-Meditation. Während ich dieses Buch schreibe, meditiere ich mittlerweile mindestens 20 Minuten täglich. Damals war diese lange Zeit für mich unvorstellbar, es wäre sogar eine unglaubliche Anstrengung für mich gewesen. Ich hätte zu viel Resistenz verspürt und vermutlich früher oder später "das Handtuch geworfen".
Also startete ich mit 5 Minuten (5-Minuten-Regel). Nach ein paar Monaten steigerte ich auf 10 Minuten Meditation. Nach knapp einem Jahr war ich bereits bei 15 Minuten angelangt, und kurz darauf entschied ich mich, täglich 20 Minuten zu meditieren.

Ich tastete mich also Schritt für Schritt heran – das war die richtige Entscheidung für mich. Entscheide selbst, ob ein Schritt-für-Schritt-Ansatz für dich die beste Option ist. Oft ist es sinnvoll, zuerst in kleinen Schritten mit der neuen Aufgabe zu beginnen, um die Gewohnheit nachhaltig aufzubauen und beizubehalten.

Das Gegenteil dieser Strategie ist die "Alles-oder-Nichts"-Strategie. Hier fokussierst du dich direkt auf das Endziel. Das heißt, du beginnst also beispielsweise direkt mit einer 20-Minuten-Meditation oder hörst von heute auf morgen komplett mit dem Rauchen auf. Einerseits bist du hier direkt am Kern der Sache, und das fühlt sich gut an. Andererseits kann es für manche Personen überwältigend sein, und sie sind nicht in der Lage, ihre neue Gewohnheit langfristig beizubehalten.

Kannst du das Prinzip der "Babysteps" für dich verwenden und oder entscheidest du dich für die "Alles-oder-Nichts"-Strategie?

2) 5-Minuten-Regel

In diesem Abschnitt beschreiben wir, wie leicht es manchmal sein kann, die inneren Widerstände zu überwinden und deine Gewohnheiten auszuführen. Die Aufgabe der 5-Minuten-Regel ist es, Startschwierigkeiten zu überwinden.

Positive Gewohnheiten
Beginnen wir mit einem Beispiel: Leon möchte zum Joggen gehen. Welche Aufgaben warten auf ihn? Neben dem eigentlichen Joggen muss er sich noch mental auf das Joggen vorbereiten, seine Sportkleidung überziehen, danach duschen und schließlich seine Sportkleidung waschen.

Wenn Leon die Aufgabenliste betrachtet, könnte er schnell das Gefühl entwickeln, dass es ihm zu viel wird. Dieses Gefühl kann dazu führen, dass er nicht joggen geht und es auf einen anderen Tag verschiebt. In diesem Moment besteht die Gefahr, dass sich die neue Gewohnheit nicht etabliert. Möglicherweise könnte sich der Gedanke entwickeln: "Das schaffe ich nicht." Damit es dir nicht so ergeht wie Leon, gibt es die 5-Minuten-Regel. Dabei handelt es sich um einen psychologischen Trick, mit dem du deine Startschwierigkeiten überwinden kannst.

Bei den meisten Aufgaben oder Gewohnheiten kostet der erste Schritt die größte Anstrengung, denn gefühlt erwartet man noch viel Arbeit, Ausdauer und Überwindung. Eine Stunde lang Sport zu treiben, ist eine große Aufgabe. Hingegen 5 Minuten zum Joggen zu gehen ist so leicht, dass man fast nicht Nein sagen kann.

Nachdem du dein Vorhaben 5 Minuten lang ausgeführt hast, kannst du dich entscheiden, aufzuhören oder weiterzumachen. Der psychologische Trick dabei ist, dass du nach diesen 5 Minuten mit hoher Wahrscheinlichkeit nicht aufhören wirst. Warum ist das so? Während der Ausführung wirst du merken, dass es doch nicht so anstrengend ist, wie du es dir vorgestellt hast, und du wirst folglich das Gefühl entwickeln: „Jetzt habe ich einmal angefangen, dann kann ich auch weitermachen". Nach 5 Minuten Joggen wirst du möglicherweise einfach weiterlaufen. Natürlich hast du auch die Möglichkeit, nach dieser Zeit aufzuhören – was völlig in Ordnung ist – denn du hast dein Ziel erreicht, nämlich die neue Gewohnheit aufrecht erhalten zu haben.

In 80 % der Fälle wirst du jedoch auch nach den 5 Minuten mit deiner neuen Gewohnheit weitermachen. Die 5-Minuten-Regel ist somit ein einfaches und praktisches Werkzeug, das Aufschieben zu umgehen und den ersten Schritt zu machen.

Wie könntest du die 5-Minuten-Regel für deine positiven Gewohnheiten anwenden?

Der neuropsychologische Hintergrund der 5-Minuten-Strategie ist folgender: In unserem Großhirn befindet sich der Bereich des „präfrontalen Cortex", der für unser rationales Denken verantwortlich ist. Er ist ebenfalls dafür verantwortlich, dass wir uns an Regeln halten, uns in bestimmten Situationen zurückhalten oder unsere Willenskraft verwenden. Wenn du z.B. auf jemanden böse bist und ihm am liebsten ein ausfallendes Wort zurufen möchtest – du es aber nicht tust, weil du weißt, dass das negative Konsequenzen haben wird – dann war dein präfrontaler Cortex aktiv. Zum Glück!

Außerdem gibt es in unserem Gehirn auch das sogenannte „limbische System". Dieses System ist vor allem für unsere Emotionen verantwortlich. Wenn du unglaublich Lust auf etwas Süßes hast, so ist hier hauptsächlich dein emotionales System aktiv. Auch dein persönlicher „Schweinehund" und deine Resistenz sind in diesem Bereich ansässig. Beide Bereiche siehst du in unserer Abbildung, die vereinfacht dargestellt ist.

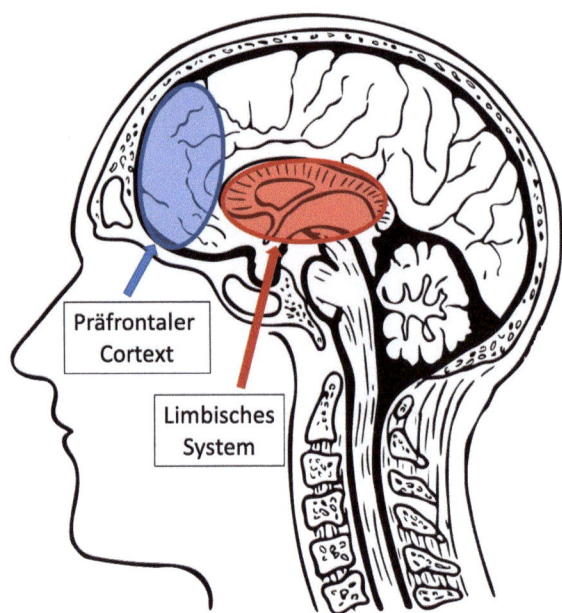

In unserem Gehirn befinden sich ca. 100 - 130 ml Blut. Dieses Blut trägt auch den Sauerstoff, den das Gehirn braucht, um zu funktionieren. In Kapitel 8 (Visualisierung) haben wir bereits darüber gesprochen, wie das Gehirn nach dem Prinzip "Use it or lose it" (Nutze oder verliere es) arbeitet.

Wenn du dich in einem emotionalen Moment befindest, wie zum Beispiel Leon, der eine tiefe innere Unlust beim Gedanken an Sport empfindet, dann wird das emotionale System (limbische System) verhältnismäßig aktiver sein als das rationale System (präfrontaler Cortex).

Das bedeutet, dass der präfrontale Cortex in diesem Moment verhältnismäßig wenig Blut besitzt und dadurch nicht optimal funktionieren kann. Das emotionale System hingegen wird stärker durchblutet und bekommt so mehr Sauerstoff und Energie. Jetzt wird es Leon besonders schwer fallen, sich für das Joggen zu entscheiden.

Mit dem Trick der 5-Minuten-Regel verschaffst du dir die Zeit, die du brauchst, um deine Gehirnregionen zu normalisieren und gleichmäßig mit Blut zu versorgen. So hast du wieder mehr Kapazitäten frei, um deinen präfrontalen Kortex zu verwenden. Nach den 5 Minuten wird es dir somit leichter fallen, die richtige Entscheidung zu treffen und deine Ziele wieder ganz bewusst wahrzunehmen.

Negative Gewohnheiten

Dieses Spiel mit der 5-Minuten-Regel können wir auch auf deine negativen Gewohnheiten adaptieren. Nehmen wir erneut Leon als Beispiel: Er möchte sich gesund ernähren, doch das Verlangen nach dem Stück Kuchen, das er eigentlich für seinen Besuch gekauft hat, ist groß. Zu gerne will er das Kuchenstück essen. Leon versucht es auch hier mit der 5-Minuten-Regel. Diese erlaubt es ihm, das Stück nach einer Wartezeit von 5 Minuten zu essen. Nach dieser Zeit fragt sich Leon allerdings noch einmal: „Möchte ich das wirklich tun? Wie sehr plagt mich danach mein schlechtes Gewissen? Was ist mit meinem Ziel, gesund und fit zu sein?" An diesem Punkt wird der innere Drang und sein Verlangen nach dem Kuchenstück kleiner, so dass es ihm leichter fällt, sich für ein Nein zu entscheiden.

Wie könntest du die 5-Minuten-Regel für deine negativen Gewohnheiten anwenden?

3) Loslass-Übung

Resistenz ist wie eine Wand, welche dich von deinem "besten Selbst" trennt.

Anstatt diese Wand zu durchbrechen, möchtest du diese im Boden versinken lassen, damit du mit Leichtigkeit drübersteigen kannst. Warum? Eine Wand aus Resistenz zu durchbrechen, kostet Willenskraft und ist sehr ermüdend. Jeder von uns besitzt eine stark begrenzte Menge an Willenskraft über den Tag hinweg. Wenn du Pech hast, dann ist in einem kritischen Moment deine Willenskraft vielleicht sogar fast aufgebraucht. Verlass dich also nicht darauf! Ständig mit Willenskraft zu arbeiten, wird dich früher oder später in alte Verhaltensmuster zurückfallen lassen. Die ständige Anstrengung wird dir zur Last – das muss nicht sein. Wie kannst du also deine persönliche Wand an Resistenz im Boden versinken lassen? Die Lösung lautet: "Achtsames Loslassen".

In dieser Übung werden wir dir zeigen, wie du deine Resistenz durch achtsames Loslassen überwinden kannst.

Es geht nicht darum, ein Gefühl oder Bedürfnis zu unterdrücken,
sondern du möchtest es selbst *loslassen*.
Das ist ein großer Unterschied.

Die Unterdrückung ist alles andere als empfehlenswert, da die Gedanken an das Gefühl oder das Bedürfnis dadurch nur noch verstärkt werden.
Dazu gibt es eine einfache Übung:
Stelle dir vor, du sitzt am Strand und blickst auf das Meer. Stelle dir aber nicht vor, wie ein weißer Eisbär zum Wasser trabt. Stelle dir also bitte *keinen* weißen Eisbären am Strand vor! Und – hat es geklappt? Nein? Dann hast du versucht, das Bild zu unterdrücken. Dabei wird dein Gehirn besonders aufmerksam. Wenn du z.B. versuchst, ein Müdigkeitsgefühl zu unterdrücken, dann fokussierst du dich genau auf dieses Gefühl, so dass dir dadurch nur noch klarer und bewusster wird, wie müde du eigentlich bist.

Loslassen funktioniert anders.
Du unterdrückst nicht etwas, sondern du lässt es gehen.

Du stehst auf einer Brücke. Unter dieser Brücke fließt ein Fluss, auf dem ein Stück Holz auf dem Wasser in deine Richtung strömt. Stelle dir jetzt vor, dieses Holzstück steht für deine Müdigkeit. Du spürst, wie die Müdigkeit auf dich zukommt. In diesem Fall unterdrückst du sie jedoch nicht – du akzeptierst sie. Auch das Stück Holz hältst du nicht fest, sondern lässt es treiben und an dir vorbeiziehen.
Die Fähigkeit loszulassen ist wie ein Muskel in deinem Gehirn, den du trainieren kannst. Je mehr du trainierst, desto besser wirst du darin sein, deine Gefühle oder Bedürfnisse loszulassen und schwierige Ereignisse in deinem Leben zu meistern.

Starte mit einfachen Dingen:

➝ Du sitzt im Auto und hörst ein Lied, das du nicht magst. Anstatt wie gewöhnlich umzuschalten, hörst du das Lied zu Ende, bis der nächste Song gespielt wird.

➝ Du ärgerst dich über die Bedienung in einem Restaurant. Versuche ihr zu verzeihen, den Gedanken loszulassen und den Abend zu genießen.

➝ Du stehst in der Schlange im Supermarkt und wirst ungeduldig, weil es so lange dauert. Auch hier kannst du deinen „Loslass-Muskel" trainieren, indem du versuchst, entspannt zu bleiben.

Je mehr du trainierst, desto eher merkst du, dass es stetig besser gelingt. Auch das Gefühl der Lustlosigkeit kannst du z.B. auf diese Weise loslassen. Dir wird es sicher nicht gelingen, jeden Tag alles loszulassen, was du loslassen möchtest. Jedoch wirst du schon in den ersten Tagen erkennen, wie gut du darin wirst, dich von Kleinigkeiten zu befreien – Kleinigkeiten, die dich früher lange beschäftigt und aufgeregt haben.

Eine weitere Möglichkeit, dieses Loslassen zu trainieren, ist die Meditation.
Hier wird im Prinzip genau das praktiziert, was wir gerade beschrieben haben: Du lässt los. Sitze aufrecht und fokussiere dich auf deinen Atem. Nach wenigen Sekunden werden deine Gedanken abschweifen, du lässt diese los und fokussierst dich wieder auf deinen Atem. Du möchtest dich bewegen oder kratzen, doch du lässt innerlich los, bleibst ruhig sitzen und konzentrierst dich allein auf deinen Atem.
Du akzeptierst all diese Gedanken und Reize und lässt sie gleichzeitig los. Womöglich ist Meditation selbst eine weitere Gewohnheit in deinem Leben und ist deshalb momentan vielleicht nicht der Fokus deiner persönlichen Veränderung. Trotzdem ist es uns wichtig, hier die Verbindung zu diesem Thema herzustellen.
Meditation lässt dich auch bewusster durch den Tag gleiten. Du spürst, wie dich eine Resistenz überkommt, und du wirst diese mit größerer Leichtigkeit achtsam loslassen und im Boden versinken.

Kannst du dir vorstellen, dieses Loslassen zu üben – und wenn ja, wie?
Wie genau würde ein Loslassen bezüglich deiner Gewohnheit aussehen?

4) Umschalten

Sprechen wir über das Wort "umschalten", dann meinen wir damit, wie du deinen Gefühlszustand ändern kannst. Wäre es nicht praktisch, wenn man seinen mentalen Schalter
umlegen und sich auf einmal wieder kraftvoll fühlen könnte? Von einer Sekunde auf die
andere wieder voller Tatendrang zu sein – wäre das nicht genial? Ja, das geht tatsächlich!

Sicher erging es dir auch schon so, dass sich dein Gefühlszustand schlagartig komplett
verändert hat. Vielleicht sagte oder tat jemand etwas Bestimmtes, was dich direkt in einen
anderen Zustand versetzte. Vielleicht hast du dich aber auch an ein bestimmtes Ereignis
zurückerinnert, welches an ein schönes/unschönes Gefühl gekoppelt war. Wie du diesen
mentalen Schalter ganz bewusst ins Positive umlegst, wenn du dich zum Beispiel kraftlos
und träge fühlst, beschreiben wir dir mit Hilfe des Werkzeugs des "Umschaltens".
Hierzu zeigen wir drei verschiedene Möglichkeiten auf, durch die du das Prinzip des Umschaltens erlernen kannst. Entscheide dich dabei für eine der drei Möglichkeiten, aus der
du am meisten Kraft schöpfst.

Die Ankertechnik
Diese Technik basiert auf der Reiz-Reaktions-Kopplung, die der bekannte russische Physiologe Ivan Petrovich Pavlov entdeckte. Pavlov experimentierte zunächst mit Hunden
und fand durch Zufall heraus, dass sich der innere Zustand durch äußere Reize steuern
lässt. Hierzu ein Beispiel, um es etwas verständlicher zu machen: Sophia hat heute einen
schlechten Tag. Alles läuft schief, und die Laune ist im Keller. Plötzlich hört sie ein Lied im
Radio (äußerer Reiz), das sie an den Italien-Urlaub mit ihrem Freund erinnert. Sofort fühlt
sich Sophia wieder positiver, leichter und lebendiger (innerer Zustand). Die Sorgen liegen
ihr nicht mehr so schwer auf der Seele, wie sie es noch vor 10 Sekunden taten.

Vielleicht kennst du die Erfahrung, dass dich ein bestimmtes Lied in einen positiven Gefühlszustand versetzt. Wie ist das zu erklären? Das Lied bzw. der äußere Reiz verbindet sich mit einem inneren Gefühl und einer positiven Emotion. Er dient hier als sogenannter "Anker", da er die Brücke zwischen der Außen- und Innenwelt schlägt. Ziel der Ankertechnik ist es, ganz bewusst einen Anker hervorzurufen, um die Stimmung ins Positive zu verändern. Das hilft dir in besonders kritischen Momenten, die nötigen Fähigkeiten und Energien zu aktivieren, um deine neue Gewohnheit auch in diesen Situationen auszuführen.

Den Grundstein für die Ankertechnik hat Ivan Petrovich Pavlov bei seinen Untersuchungen zur Verhaltensforschung gelegt. Ursprünglich hatte er sich auf die Verdauung von Hunden spezialisiert, dabei ist ihm jedoch etwas ganz Entscheidendes aufgefallen:
Im ersten Schritt platzierte er das Futter für den Hund so, dass dieser nicht an diese Stelle gelangen konnte. Beim bloßen Anblick des Futters bildete der Hund durch seinen natürlichen Reflex Speichel.
Im zweiten Schritt betätigte Pavlov immer eine Klingel, bevor er dem Vierbeiner das Futter gab. Diese Vorgehensweise (Klingelzeichen und sofortige Futtergabe) wiederholte der Physiologe mehrfach. So verstand der Hund, dass es nach dem Klingelzeichen Futter gibt. Im letzten Schritt fiel Pavlov noch auf, dass der Hund nun auch einen automatischen Speichelfluss produzierte, wenn ausschließlich die Klingel betätigt wurde. Es scheint, als ob der Hund gelernt hatte, was das Klingelzeichen bedeutet: nämlich Futtergabe. Somit hat Pavlov bewiesen, dass allein durch einen äußeren Reiz der innere Zustand verändert werden kann. Die Klingel wurde zum sogenannten "Anker", denn sie kann den Hund in einen bestimmten Zustand versetzen (Ich habe Hunger, und mein Speichel fließt).

Auch du kannst dir persönlich ganz bewusst einen sogenannten Anker setzen, um dich damit in einen bestimmten Zustand zu versetzen, der dir dabei hilft, auch an schwierigen Tagen am Ball zu bleiben. Dafür ist jedoch kein Klingelzeichen nötig, sobald etwas Schönes in deinem Alltag passiert oder du dich motiviert fühlst – obwohl das sicher funktionieren würde. Setze dir möglichst einen alltagstauglichen Anker, der jederzeit anwendbar ist. So kannst du dich auch in deinem persönlichen Alltag motivieren und positive Gefühle hervorrufen.
Auch in der Vergangenheit hast du die Ankertechnik sicher schon mehrfach unbewusst angewandt, obwohl du sie nicht bewusst wahrgenommen hast.

Das erkennst du an diesen Beispielen:

Situation	Auswirkung
Tüte Chips	Entfacht Appetit auf Chips
Bild eines schönen Strandes	Entfacht Lust auf Urlaub
Bild eines Babys	Ein "Ach-wie-süß"-Gefühl entsteht
Jemand nimmt dem Autofahrer die Vorfahrt	Wut über den anderen Verkehrsteilnehmer entsteht

Wie du feststellen kannst, besteht ein Anker immer aus einer Situation *und* der daraus resultierenden Auswirkung. Um einen wirkungsvollen Anker ganz bewusst zu setzen, sind die folgenden beiden Schritte wichtig:

1. Finde deinen persönlichen Moment der absoluten Stärke

Welchen Zustand wünschst du dir, während du dich in einem kritischen Moment befindest und dich unwohl fühlst? Möchtest du ruhig bleiben, konzentriert sein oder Stärke empfinden?

Welches Gefühl würde dir in solch einem kritischen Augenblick helfen, die richtige Entscheidung zu treffen?

Erinnere dich nun an eine Situation in deinem Leben, in der du im Vollbesitz dieses Gefühles warst. Eine Situation, in der dir all deine gewünschten Fähigkeiten zur Verfügung standen und du diese angemessen einsetzen konntest. Versetze dich in diese Situation so gut wie möglich. Nimm dir dafür ein paar Minuten Zeit. Es ist wichtig, dass du diese Situation sehr intensiv spürst.
Wo warst du in diesem Moment?
Was hast du gesehen?

Nachdem du ein klares Bild davon hast, füge weitere Sinneswahrnehmungen hinzu.
Welches Gefühl hattest du in deiner Situation aus der Vergangenheit?
Kannst du dich etwa an einen bestimmten Geruch, an bestimmte Töne oder einen Geschmack erinnern?
Versuche, so viele Sinneswahrnehmungen wie möglich abzurufen, hervorzuholen und zu aktivieren.

Als Beispiel möchte ich (Marco) mit dir meinen Moment der absoluten Stärke teilen. Ich wollte mir einen Anker setzen, damit ich mich selbst an weniger guten Tagen voll auf mein Coaching konzentrieren kann, um meinem Gegenüber optimal zu helfen. Ich fühle mich in meinem Element, wenn ich ein Zusammenspiel aus *Gelassenheit* und *Fokus* verspüre. Ich erinnerte mich also an einen Moment, in dem ich diese zwei Zustände zu 100 % in mir getragen habe – meinen Moment der absoluten Stärke.

Gehen wir für diesen Moment zurück in meine Studienzeit. Ich war gerade dabei, meinen Master in Psychologie zu absolvieren und hatte bis zu diesem Zeitpunkt bereits über 100 Menschen gratis gecoacht. Es war die Zeit gekommen, in der ich mein persönliches nächstes Level erreichen wollte: Mit meiner Leidenschaft Geld zu verdienen.
Es war, als sei es erst gestern oder gar heute gewesen, so nah ist mir dieser Moment.

Ich saß auf dem Flachdach meiner Wohnung und hatte ein Telefonat mit einem potentiellen Klienten aus den USA. Ich saß im Schneidersitz und spürte den rauen Untergrund des Bitumens. Mein Laptop lag vor mir, und ich hatte meine Kopfhörer für den Skype-Call im Ohr. Ich fühlte mich sehr achtsam und relaxt. Vor mir blickte ich direkt auf Bäume, weitere Häuser, und ein traumhaft schöner Sonnenuntergang war an diesem Abend zu sehen. Ich genoss die angenehm warme Sommerluft. Ich fühlte mich vollkommen fokussiert. Ich hatte die letzten Wochen durch all die Gratis-Coachings so viel Schwung geholt, jetzt war ich bereit. Ich fühlte mich kompetent – und ich wusste, was ich tat. Ich konnte mich vollends auf mein Gegenüber einlassen und hörte ihm ganz gelassen, aber fokussiert zu. Ich stellte konkrete Fragen, um zu erkennen, was mein potentieller Klient ändern möchte, und wir setzten gemeinsam ein Ziel für ihn. Im Anschluss daran erklärte ich ihm ruhig und fokussiert, wie ich ihm helfen könnte und was genau wir tun sollten, um seine Gewohnheiten wieder in Einklang zu bekommen. Ich fühlte mich innerlich voll Liebe. Es war der perfekte Moment.

Das war mein Moment der absoluten Stärke.

An diesem Abend hatte ich meinen ersten Klienten gewonnen. Wenn man eine derartige Energie ausstrahlt, steckt das unweigerlich an. Genau das fühlt man durchaus auch über ein Telefonat von Deutschland bis in die USA. Und exakt dieses Gefühl möchte ich mir in mein Herz holen, wenn ich mich müde, ungeduldig oder angespannt fühle – mich also nicht in meinem optimalen Coaching-Zustand befinde.

Verinnerliche jetzt deinen persönlichen Moment der absoluten Stärke.
Schreibe ihn am besten auf und versetze dich mehrmals am Tag in diese Situation. Je öfter du dich in "deinen Moment" der absoluten Stärke versetzt, umso intensiver wird deine Erinnerung.

Mein Moment der absoluten Stärke:
Wo bist du? Was siehst du? Wie fühlst du dich?

2. Setze deinen Anker

Nachdem du dir deines Moments der absoluten Stärke bewusst bist, folgt der Anker.

Der Anker ist die Art und Weise, wie du dich in diesen Moment zurück versetzen kannst.

Das kann die Berührung einer bestimmten Körperstelle sein, wie z.B. des Handgelenks, eine bestimmte Sitzposition, eine Handbewegung oder ein Wort. Was auch immer es ist, es ist wichtig, dass dieser Anker zu deinem Moment der absoluten Stärke passt.
Achte darauf, wie sich dein Körper ganz natürlich verändert, wenn du dich in deinen Moment der absoluten Stärke versetzt. Lehnst du dich zurück? Lehnst du dich vor? Entspannst du dich oder baust du dich auf? Was machen deine Arme und Hände? Wie sind deine Füße positioniert?

Wenn ich mich in meinen Moment der absoluten Stärke versetze, kann man an meiner Körperhaltung erkennen, dass ich mich entspanne, meine Augen aber fokussiert sind. Ob ich dabei stehe oder sitze, ist für mich nicht relevant. Wichtig ist mir in diesem Moment nur, dass ich ein bestimmtes Wort gebrauche, das ich entweder laut ausspreche (oder in meinem Kopf habe, wenn es die Situation nicht erlaubt, es laut auszusprechen). Dieses Wort drückt für mich genau das aus, was ich in diesem Moment gespürt habe: Floating. Ins Deutsche übersetzt: Schweben.

Zusammengefasst kann ich meinen persönlicher Anker folgendermaßen beschreiben:
Wenn ich sitze, dann lehne ich mich zurück, lege meine Hände ganz entspannt in den Schoß und fühle in meinen Moment der absoluten Stärke hinein. Ich spüre hinein wie es sich anfühlte, als ich damals auf dem Dach meiner Wohnung im Schneidersitz saß, und ich die Sonne vor meinen Augen untergehen sehe. Ich spüre, wie ich dort relaxt, fokussiert und mit Liebe im Herzen sitze und dabei meinem Gegenüber voll und ganz zuhöre. Während ich in diesen Moment kurz eintauche, spreche ich in meinem Kopf das Wort: Floating.
In diesem Moment fühle ich mich genauso, wie ich es gerne hätte: fokussiert und relaxt. Wenn ich mich kurz vor einem Coaching befinde, mich aber nicht in meiner Bestform fühle, dann aktiviere ich meinen Anker.

Was könnte dein Anker sein?
Wie wäre es mit einer bestimmten Körperhaltung, einer Geste oder einem Wort?

Es können natürlich auch Kombinationen aus verschiedenen Dingen sein.
Entscheide dich aber für einen ganz klaren Anker, den du in jeder Situation mühelos und sofort ausführen kannst. Wenn du dir einen Anker bewusst ausgesucht hast, dann kannst du jetzt mit dem "Anker setzen" beginnen. Versetze dich in das Gefühl deiner absoluten Stärke und führe genau in diesem Moment deinen ausgewählten Anker aus. Du verbindest diesen also mit deiner spezifischen Erinnerung – so wird dein Anker programmiert!

Ob die Programmierung funktioniert hat, kannst du schnell selbst herausfinden. Führe deinen Anker noch einmal nach ca. 5 Minuten aus. Kommt mit der Ausführung das gespeicherte Gefühl zurück, hast du deinen Anker perfekt gesetzt. Wenn du mit dem Ergebnis zufrieden bist, wiederhole diese Ankertechnik in den nächsten Tagen immer wieder. Somit stellst du sicher, dass du in einer Situation, in der du auf deinen Anker angewiesen bist, deinen Gefühlszustand tatsächlich verändern kannst. Solltest du dich z.B. träge oder kraftlos fühlen, setze deinen Anker und bezwinge so mit Leichtigkeit dein Motivationstief und deine Lustlosigkeit.

MEIN Anker:

Der Talisman

Der Talisman ist im klassischen Sinne ein Glücksbringer. Ein Talisman kann so ziemlich alles sein, das ein bestimmtes Gefühl in dir hervorruft. Typische Talismane sind Amulette, Halsketten oder Armbänder, Steine, Tätowierungen oder sonstige Dinge, die man problemlos mitführen kann. Ob du an Spiritualität glaubst oder nicht, spielt dabei keine Rolle, denn die Wirkung der Kraft des Talismans ist eine rein psychologische Sache. Wie bereits im Abschnitt "Ankertechnik" erklärt, kann man äußere Reize mit inneren positiven Gefühlszuständen verbinden. Dieses Prinzip werden wir auch für den Talisman anwenden.

Ich (Richard) besitze selbst auch zwei Talismane. Bei meinem ersten Talisman handelt es sich um eine kleine Puppe, die ich im Alter von 9 Jahren gestrickt habe. Diese Puppe gab ich meinem Vater immer vor Antritt ins Krankenhaus mit. Als mein Vater gesund aus dem Krankenhaus entlassen wurde, bekam ich die Puppe zurück. Somit sprach ich der kleinen Puppe damals eine heilende Wirkung zu. Mir ist natürlich klar, dass die Puppe keine Wunderkräfte in sich trägt. Aber jedes Mal, wenn ich meine kleine Puppe in die Hand nehme, wird mir bewusst, dass auch schwere Krankheiten geheilt und überwunden werden können.

Mein zweiter Talisman ist ein ca. 10 Gramm großer Granitstein. Diesen Stein habe ich an meinem 44. Geburtstag auf dem Huayna Picchu gefunden. Huayna Picchu ist der Gipfel des peruanischen Weltwunders Machu Picchu. Immer wenn ich nun diesen Stein in die Hand nehme, spüre ich die Energie, die ich damals an diesem besonderen Ort gespürt habe: Ich fühlte mich frei, leicht und voller Stärke. Auch diesem Stein möchte ich keine übermenschlichen Fähigkeiten zuschreiben, aber ich bin mir dessen immer bewusst, wie klein und belanglos manches Problem ist.

Vielleicht fällt dir spontan ein, bereits einen Talisman zu besitzen. Nutze diesen ganz ausdrücklich für dich. Ein guter Talisman wird dir dabei helfen, an positive Ereignisse zu denken, Glücksgefühle zu entwickeln und dich in wichtigen Momenten im Leben wieder mit deiner tiefen Motivation zu verbinden.

Du kannst einen Talisman aber auch als Erinnerung für dich verwenden – zur Erinnerung an deine neue Gewohnheit und die Werkzeuge, die du in kritischen Momenten anwenden möchtest. Konkret könnte das zum Beispiel ein neues Armband sein, welches du von nun an am Handgelenk trägst. Es könnte ein Symbol deiner neuen Veränderung sein und dich an die Wichtigkeit deines Durchhaltevermögens erinnern. Es hilft dir also dabei, in bestimmten Situationen das Bewusstsein für die richtige Entscheidung zu schaffen und zu aktivieren.

Hast du schon eine Idee, wie dein Talisman aussehen könnte?

Die Mentoren-Technik

Kommen wir nun zum dritten Umschalter. Wie du bereits bei den beiden vorherigen "Umschaltern" festgestellt hast, ist der innere positive Zustand die Kraft, die dich aus einem Motivationstief holt.

Auch die Mentoren-Technik baut auf diese Technik auf. Hier geht es darum, Kraft von einer nahestehenden Person zu erhalten, die die Mentorenrolle übernommen hat. Ein Mentor ist eine Person, die dir in gewissen Lebenssituationen als Vorbild (oder Berater) dient. Es kann auch eine Person sein, die dir das Gefühl von Kraft und Stärke vermittelt.

Wie funktioniert nun diese Technik? Wenn du deinen Mentor gefunden hast, stelle dir vor, dass diese Person neben dir sitzt, dich beobachtet oder dir beratend zur Seite steht. Das hört sich im ersten Augenblick kompliziert an, ist es aber nicht. Ich will dir das an Noahs Beispiel erklären. Noah möchte mit dem Rauchen aufhören. Doch genau in dem Augenblick, in dem er in einem Motivationstief steckt, ist das Verlangen nach einer Zigarette groß. Kurz bevor er die Zigarette nimmt, stellt er sich bildlich vor, wie seine kleine Tochter neben ihm steht und beobachtet, wie Noah dazu neigt, schwach zu werden. In seinem Kopf lässt er seine Tochter sagen: "Papa, rauche bitte nicht. Ich möchte, dass du mein Vorbild bleibst und nicht so früh stirbst". So wird es ihm sichtlich leichter fallen, mit dem Rauchen aufzuhören.

Ein weiteres Beispiel ist Theresa. Bevor sie mit ihrem Medizinstudium begann, zweifelte sie, ob dies überhaupt die richtige Entscheidung für sie sei und ob sie kompetent genug dafür sein würde. Während dieser unsicheren Zeit hatte sie Nicola, eine gute Freundin, an ihrer Seite, die ihr das Gefühl des bedingungslosen Vertrauens schenkte. Theresa wusste, dass Nicola der festen Überzeugung war, dass sie eine gute Ärztin werden würde und vielen Menschen helfen könnte. Sie glaubte daran, dass sie ihr Studium meisterte. Diese mentale Unterstützung half Theresa enorm dabei, sich sicher zu fühlen, aus einem guten Zustand heraus ein "Ja" zu ihrem Medizinstudium zu finden und gleichzeitig die Herausforderung mit Motivation und Freude anzunehmen. Wenn Theresa Phasen der Lustlosigkeit empfindet, die Teil des Lebens sind, stellt sie sich vor, dass Nicola in ihrem Zimmer sitzt und ihr absolutes Vertrauen schenkt. Allein das Gefühl ihrer Präsenz katapultiert Theresa in ein Gefühl der Selbstbestimmtheit und in ein tiefes Vertrauen in ihre eigenen Fähigkeiten.

Wie bereits zu Anfang des Abschnittes erwähnt, arbeiten wir mit inneren Bildern und den damit verbundenen Gefühlen. Wir empfehlen dir, diese Mentoren-Technik über die nächsten Tage mehrere Male zu trainieren und dich jedes Mal so bewusst als möglich in diese Situation zu versetzen. Je öfter du dich von der positiven Wirkung dieser Methode überzeugst, umso leichter wird es dir fallen, die Technik in kritischen Momenten anzuwenden.

Wer könnte dein Mentor sein? Beschreibe deinen Mentor:

Zusammenfassung:

Wir bieten 4 Strategien für die Überlistung deiner Resistenz an:

1) Babysteps
Entweder veränderst du dich langsam, Schritt für Schritt, oder du veränderst dich mit einem Schlag, von einem Moment auf den anderen. Beide Methoden können funktionieren, häufig hilft es aber, mit Babysteps zu beginnen, um weniger Resistenz zu verspüren.

2) 5-Minuten-Regel
Sobald du eine positive Gewohnheit aufschieben möchtest, beginne wenigstens für 5 Minuten damit. Genau das hilft vielen Menschen, zumindest einmal anzufangen. Nach den ersten 5 Minuten kannst du selbst entscheiden, ob du weitermachen möchtest. Statistisch gesehen bleiben die meisten Menschen nach diesen 5 Minuten am Ball.
Selbst wenn du nach 5 Minuten aufhören solltest, war es nicht umsonst, denn du trainierst dein Gehirn, deine Gewohnheit weiterhin wenigstens zu starten – und das ist das Wichtigste.

3) Loslass-Übung
Unterdrücke deine Resistenz nicht, lass sie los.
Akzeptiere deine Resistenz und Unlust zu 100 %.
Erst wenn du sie voll und ganz sein lässt und sie nicht unterdrückst, fällt es dir leichter, diese auch zu verändern und den ersten Schritt in die richtige Richtung zu gehen.

4) Umschalten
Wenn du dich in einen positiven und motivierenden Gefühlszustand versetzen möchtest, gibt es hierfür mehrere Möglichkeiten:

- Erinnere dich an einen bestimmten Moment im Leben, der dir Energie gab
- Halte einen Talisman bereit, der etwas Positives in dir hervorruft
- Stelle dir eine Person vor, die in diesen Momenten neben dir steht und dir bei Schwäche uneingeschränkt Kraft gibt

11) Umfeld

Der Psychologe Abraham Maslow (1908 -1970) meinte: *„Verschaffe guten Menschen ein schlechtes Umfeld, und sie werden Schlechtes tun."*
Der Mensch kann sich seinem Umfeld anpassen. Und genau das macht ihn überlebensfähig. Dies geschieht manchmal bewusst, aber oft auch ganz unbewusst.

In diesem Abschnitt wirst du lernen, wie dich dein Umfeld beeinflusst und wie du dieses Wissen zu deinem Vorteil nutzen kannst. Wie wichtig das Umfeld für uns ist, hat Abraham Maslow in seiner bekannten Bedürfnispyramide beschrieben. Maslow widmete sein Leben der Untersuchung psychologischen Wachstums und entwickelte unter anderem eine Motivations- und Bedürfnispyramide. Seine Theorie besagt, dass jeder Mensch, nachdem er eine Bedürfnisebene befriedigt hat, die nächsthöhere Ebene anstrebt.

Als erste und fundamentalste Ebene möchte der Mensch seine Grund- und Existenzbedürfnisse befriedigen. Dazu gehören Essen, Trinken, Schlafen und die Fortpflanzung.

Als zweite Ebene folgt die Sicherheit. Diese Ebene befasst sich mit der körperlichen und seelischen Sicherheit, materieller Grundsicherung, Arbeit, Wohnung und Gesundheit.

Erst wenn ein Mensch ein sicheres Dach über dem Kopf hat und sich finanziell gefestigt über Wasser halten kann, tritt die dritte Ebene an Bedürfnissen in den Vordergrund.
Diese betrifft die Zugehörigkeit. Laut Maslow hat der Mensch einen starken Drang nach sozialer Zugehörigkeit. Hier strebt er nach Freunden, einer Familie, dem sozialen Austausch und dem Gefühl, mit dabei zu sein.

Nachdem das Gefühl "dabei zu sein" integriert wurde, möchte man mehr als das.
Die vierte Ebene befasst sich mit dem Gefühl von Anerkennung, der besonderen Wertschätzung, dem Status und dem Gefühl, erfolgreich zu sein – und zusätzlich auch von anderen Mitmenschen als erfolgreich angesehen zu werden.

Erst wenn diese vier Ebenen befriedigt sind, kann sich der Mensch voll und ganz auf die fünfte Ebene einlassen: die Selbstverwirklichung. Hier hat der Mensch viele seiner Ängste überwunden – wie Existenzängste, soziale Ängste und das Gefühl, nicht gut genug zu sein. Nun fragt er sich, wie er sich am besten verwirklichen kann. Es geht nicht mehr darum, es anderen recht zu machen, sondern wie er sich am besten verstehen und ausdrücken kann. Er möchte sein authentisches Ich entfalten. Er löst sich also zu einem gewissen Grad von der Abhängigkeit seines Umfeldes ab.
Die wenigsten Menschen wissen, dass Abraham Maslow nach der Ebene der Selbstverwirklichung sogar noch eine *sechste Ebene* hinzugefügt hat:
Die Ebene der Selbsttranszendenz.
Diese Ebene zeigt einige Parallelen zu dem Konzept von Erleuchtung aus dem Buddhismus auf. Aber das ist eine andere Geschichte – und momentan zweitrangig für die Veränderung deiner Gewohnheiten.

Die ersten vier Stufen der Bedürfnispyramide befassen sich mit dem Umfeld eines Menschens. Das optimale Umfeld an liebenden und wertschätzenden Mitmenschen in einer sicheren Umgebung kann dich stark im Wachstum deiner Gefühle von Sicherheit, Zugehörigkeit und einem gesunden Selbstwertgefühl unterstützen.
Wie eine Pflanze, welche Wasser, Sonne und Erde benötigt, um wachsen zu können, braucht der Mensch ein Umfeld an Sicherheit, Liebe und Anerkennung. Nur so findet optimales psychologisches Wachstum statt. Fehlen diese Umfeldbedingungen, so kann eine Pflanze nicht wachsen; sie verkümmert und stirbt. Gibt man ihr aber stattdessen eine mineralhaltige Erde oder Dünger, genug Wasser und Licht, desto wird sie wachsen.
Und genauso braucht der Mensch ein gesundes Umfeld, denn nur so kann er wachsen.

So viele Parallelen wir Menschen auch zu Pflanzen aufweisen, gibt es dennoch einen Unterschied: Du kannst dich frei bewegen und dein Umfeld, zumindest bis zu einem gewissen Grad, selbst auswählen, aufsuchen und aufbauen.
Nutze diese Chance und gestalte dein Umfeld aktiv – akzeptiere auf keinen Fall in einer passiven Art und Weise deine Lebensumstände. Natürlich gibt es bestimmte Rahmenbedingungen, die mehr oder weniger unflexibel sind. Es gibt aber einen Spielraum, über den du selbst die volle Verantwortung hast oder zumindest einen großen Teil davon. Auf genau diesen Teil fokussieren wir uns in diesem Kapitel, denn dieser Spielraum reicht oft schon, um deine Gewohnheit komplett zu verändern.

Wir als Autoren dieses Ratgebers sind persönlich der Überzeugung, dass der Aspekt "Umfeld" der ausschlaggebendste – und vor allem nachhaltigste – aller drei Aspekte (Einstellung, Umfeld, Kontrolle) ist.

Dein Umfeld wirkt ständig auf dich ein – ohne, dass du dich dafür entscheiden oder Willenskraft aufwenden musst. Du wirst täglich, auch wenn du es nicht möchtest, davon beeinflusst, und das kann dich natürlich in deinem Wachstum unterstützen oder hemmen.

Das Kapitel "Umfeld" wird in zwei Abschnitte unterteilt:

1) **Persönliches soziales Umfeld**, hierzu zählen: Familie, Freunde, Nachbarn, Arbeitskollegen usw.
2) **Persönliches räumliches Umfeld**, hierzu zählen: Wohnsituation, Tagesplanung und andere pragmatische Auslöser, welche dich durch dein räumliches Umfeld beeinflussen.

11.1 Soziales Umfeld

1) Finde deine Unterstützer

Jim Rohn, Unternehmer und Motivationsredner, sagte einmal: "Du bist der Schnitt deiner fünf engsten Mitmenschen". Es ist wichtig, dass du dir ganz bewusst einen unterstützenden Kreis an Menschen in deinem Leben aufbaust. Erst wenn alle Menschen in deinem Umfeld am gleichen Strang ziehen, kann deine Veränderung harmonischer stattfinden.

Wichtig zu verstehen ist auch, dass du beispielsweise deine unsportlichen Freunde nicht aus deinem Leben "verbannen" musst, nur weil du jetzt sportlich werden möchtest.

Die bewusste Entscheidung, mit wem du mehr Zeit verbringen möchtest, ist *kontextabhängig!* Das bedeutet ganz einfach, dass du nicht mit jedem deiner Freunde alles gemeinsam unternehmen musst. Du kannst dich bewusst dafür entscheiden, mit wem du künftig was unternimmst.

Nehmen wir Leon als Beispiel, der von nun an 4x die Woche Sport treiben möchte. Leon ist gerade auf der Suche nach einem Trainingspartner. Wird er seinen besten Freund Martin fragen, der kein großes Interesse daran hat, im Fitnessstudio alles zu geben? Es wäre zumindest einfach, seinen besten Freund zu fragen. Bestimmt wäre Martin sogar froh, dass ihn jemand mit ins Fitnessstudio schleppt, obwohl er selbst gar kein großes Interesse daran hat. Martin würde Leon also nicht motivieren, sondern eher sogar demotivieren. Leon ist selbst in einer Situation, in der er die Gewohnheit noch nicht stabil aufgebaut hat. Er braucht daher gerade jetzt jemanden, der ihn mental unterstützt.

Ist Martin deshalb ein schlechter Freund? Nein, es bestehen ganz einfach Unterschiede in den Interessen und darin, auf welchen Fokus Leon seine Energie jetzt im Alltag ausrichten möchte.

Wichtig ist folgendes: Martin ist kein guter Sportpartner für Leon, aber er bleibt ein guter Freund.

Leon wird also weiterhin viel Zeit mit Martin verbringen, denn er schätzt seine anderen Qualitäten sehr. Beispielsweise kann er mit Martin ganz ausgezeichnet über das momentane Weltgeschehen diskutieren, was ihm oft neue Perspektiven aufzeigt. Deshalb wird Leon weiterhin mit Martin spazieren gehen, kochen und vieles mehr. Sport gehört aber nicht zu ihren gemeinsamen Vorlieben, und deshalb sucht sich Leon einen Sportpartner, der besser zu ihm passt.

Im Allgemeinen kann man sagen, dass du von jedem Menschen etwas lernen kannst. Finde heraus, was es ist, und es wird dich bereichern.

Verbringe deine Zeit mit den richtigen Menschen auf die richtige Art und Weise.

Für Leon heißt das konkret, dass er 2x die Woche einen Trainingskurs in einer Gruppe im Fitnessstudio belegt und 2x die Woche mit Gewichten im Fitnessstudio trainiert. Dabei begleitet ihn oft einer seiner 3 Bekannten (Karl, Ralf oder Tim), welche im selben Studio trainieren und sich mit dem Krafttraining gut auskennen. Hierbei ist es egal, welchen Status diese Freunde haben oder was sie außerhalb des Fitnessstudios arbeiten, machen oder wissen. Sie sind für Leon in dieser Situation sehr wichtig und sind ausschließlich seine Fitnessstudio-Kollegen. Das inspiriert Leon, sportlich weiter Gas zu geben.

Ziehe also die richtigen Menschen – oder sogar Gruppen – für deine neue Gewohnheit in dein Leben mit hinein.

- Spiele Schach mit dem unsportlichen – aber sehr analytisch denkenden – René.
- Meditiere mit der sehr erfahrenen und viel älteren Tanja.
- Habe Spaß mit deinen Freunden, aber geh nicht davon aus, dass sie in denselben Bereichen im Leben vorankommen wollen, wie du es gerne möchtest. Akzeptiere das.
- Sprich mit finanziell erfolgreichen Menschen über Geld.
- Investiere in einen persönlichen Coach, welcher in Phasen der Schwäche mit dir einen klaren Weg ausarbeiten kann.

Erst wenn du selbst an einem gewissen Punkt deines Lebens angekommen bist, an dem du dich so fühlst, als könntest du in bestimmten Bereichen nun auch anderen Menschen zur Seite stehen, kannst du diesen bei ihrer Entwicklung weiterhelfen.

Nachdem sich Leons Körper ein Jahr später durch das Training stark verändert hat, fühlt er sich gut dabei, auch mit Anfängern zu trainieren. Es macht ihm sogar Spaß, denn er kann ihnen tatsächlich weiterhelfen und sie motivieren. Er selbst fühlt sich angekommen in seinem neuen Körper und seinen neuen sportlichen Gewohnheiten.

Wir möchten dir eine goldene Regel anbieten: Deine Balance an Mitmenschen ist stimmig, wenn du folgendes Gefühl hast:

- ⅓ deines sozialen Umfelds ist in vielen Bereichen weiter (nicht besser) als du, und du findest dich im Austausch mit ihnen oft in der Lernrolle

- ⅓ deines sozialen Umfelds ist auf deiner Entwicklungsstufe
- ⅓ deines sozialen Umfelds kann noch viel von dir lernen, und du findest dich mit ihnen oft in der Mentorenrolle

Bezüglich deiner neuen Gewohnheit überlege dir: Welche Menschen/Gruppen/Events könntest du dauerhaft und näher in dein Umfeld mit einbinden?

2) Inspiration finden

Inspiriert zu werden bedeutet, neue Impulse zu suchen, welche dich bereichern. Vieles haben wir hierfür bereits im vorherigen Kapitel "Finde deine Unterstützer" angesprochen. Ziehe Menschen in dein Leben hinein, die mit dir auf demselben Weg sind und auch gerne solche, die den einen oder anderen Meter weiter gegangen sind als du. Lerne von ihnen, und treibe mit dem Strom, denn sie gehen denselben Weg.

Wenn wir hier über Inspiration sprechen, dann geht es um außergewöhnliche Erfahrungen, welche dir die großen Aha-Momente verschaffen. Es sind Erfahrungen, die du vielleicht nicht täglich machst, aber hier und da einsammelst und die dir somit langfristig Stärke verleihen.

Events:

Eine große Inspirationsquelle können spezielle Events sein, die genau auf deine Gewohnheit ausgerichtet sind. Ein Event, welches meine (Marcos) Beziehung zur Meditation gestärkt hat, war ein 10-tägiges Vipassana Meditations-Retreat in Lettland. Das war eine markante Erfahrung für mich. Ich habe dort – zusammen mit 100 anderen

Menschen aus aller Welt – gemeinsam 10 Tage meditiert und konnte dem Meditationslehrer Fragen stellen. Das hat mich in meiner Meditationsgewohnheit gestärkt, weil ich auf einer völlig neuen Ebene verstanden habe, wie wichtig Meditation eigentlich ist.

Ein weiteres Beispiel: In Köln findet einmal im Jahr Deutschlands größte Fitnessmesse, die FIBO, statt. Diese hat mich (Richard) stark motiviert, mit Sport weiterhin ganz obenauf zu sein. Dort triffst du unglaublich viele athletische Menschen und viele bekannte Persönlichkeiten aus dem deutschen Fitnessbereich, aber auch weltweit. Diese Messe zu besuchen, die Stimmung und die Schwingungen wie ein Schwamm aufzusaugen, kann viel in dir bewirken. Es kann dir zeigen, wie viele Menschen auch auf demselben Weg sind, und gleichzeitig siehst du, was noch alles mit deinem Körper möglich ist.

Welche markante Veranstaltung/Messe/Zusammenkunft könntest du einmal besuchen?

Bücher:

Warum sprechen wir im sozialen Umfeld über Bücher? Ganz einfach: Ein Buch ist wie eine Person, welche zu dir spricht. Sie zeigt dir neue Perspektiven auf. Das können Bücher zum Thema Persönlichkeitsentwicklung sein, aber auch Biografien oder sogar Science Fiction und vieles mehr.

Es gab eine Zeit, in der ich (Marco) viele Bücher zum Thema Ernährung, Schlaf und Sport gelesen habe. Diese Bücher haben mich noch mehr motiviert, meinen Körper zu optimieren und die richtigen und gesunden Gewohnheiten dafür aufzubauen. Selbst wenn es oft einfache Gewohnheiten waren, für die ich keine Bücher hätte lesen müssen, wie z.B. weniger Zucker zu essen, öfter Cardio-Training einzuplanen etc. Dennoch hat mich das Wissen motiviert. Es hat mich begeistert, dass so viele Menschen über diese Themen schreiben. Es zeigte mir, dass ich auf dem richtigen Weg war und bin. Damals gab es sehr wenige Menschen in meinem Umfeld, welche genauso dachten, ebenfalls gesünder leben wollten oder sich bewusst dazu Gedanken machten – zumindest nicht in dem Maße, in dem ich gerade daran arbeitete.

Bücher verleihen mir Leichtigkeit, Selbstsicherheit und Inspiration.

Welche drei Bücher stellen eine sinnvolle Anschaffung dar?

Wann könntest du dir 30 Minuten Zeit nehmen, um nach Büchern zu recherchieren, Freunde nach geeigneter Lektüre zu befragen, um dir daraufhin 3 Bücher zu kaufen?

Filme:

Genau wie es mit Büchern ist, so ist es auch mit Filmen. Filme können oft sogar noch emotionaler sein und dich tief in deinem Herzen berühren. Du tauchst in eine andere Welt ein und beginnst, sie zu verstehen.

Es gibt hunderte von Filmen, welche dich in deiner neuen Gewohnheit inspirieren und motivieren können.

Wo kannst du nach passenden Filmen für dich schauen?

Welche Filme fallen dir spontan ein, die dich inspirieren könnten?

Welche Person kann Dir Tipps zu passenden Filmen geben?

3) Verbindlichkeit schaffen

Verbindlichkeit hast du bereits mit dir selbst geschaffen, indem du dir ein festes Ziel gesetzt hast. Um deine Verbindlichkeit zu erhöhen, ist es sinnvoll, dir eine weitere zusätzliche externe Verpflichtung zu schaffen. Diese kann so aussehen:

Du führst wöchentlich mit einem Freund ein Gespräch und erzählst ihm, wie es mit der Umsetzung der neuen Gewohnheit vorangeht. Durch die externe Verbindlichkeit verschaffst du dir einen weiteren Anreiz, dein Ziel nachhaltig und konsequent zu verfolgen. Ohne diesen Austausch besteht die Gefahr, dass du deine Aufgaben schneller schleifen lässt. Gründe hierfür gibt es genug, wie z.B. Lustlosigkeit oder der berühmte "innere Schweinehund" ist zu mächtig etc.

Ohne Kontrolle und Berichterstattung verschieben wir unangenehme Aufgaben gerne auf einen späteren Zeitpunkt. Oft befinden wir uns in einem inneren Konflikt, den man sich wie „das Engelchen und Teufelchen auf den Schultern" vorstellen kann. Dieser unangenehme Gefühlszustand wird in der Psychologie als *kognitive Dissonanz* bezeichnet. Sie entsteht, wenn jemand gleichzeitig zwei gegensätzliche Gedanken oder Emotionen in sich trägt.

Menschen sind jedoch motiviert, eine solche Dissonanz schnellstmöglich aufzulösen, da sie ein inneres Wohlbefinden anstreben. Um ein gutes Gefühl zu erreichen, entscheidet man sich für eine Seite. Da der Mensch dazu neigt, den bequemeren Weg zu wählen, werden Begründungen konstruiert, um Aufgaben später oder gar nicht erst erledigen zu müssen. Ein Beispiel hierfür ist: Du liegst auf dem Sofa und spürst, dass eine Seite in dir momentan sehr faul ist und du deine Gewohnheit nicht ausüben möchtest (Teufelchen). Gleichzeitig ist aber eine andere Seite in dir, welche sich schlecht fühlen würde, wenn du es nicht tust, denn du hast dir ein Ziel gesetzt (Engelchen). Oft wird hier die *kognitive Dissonanz* aufgelöst, indem du deine Gedanken änderst und einfach zu dir sagst: "Ja, einmal kann man es ausfallen lassen", "Es wäre heute sogar besser, einmal eine Pause einzulegen" oder "Das Ziel ist gar nicht so wichtig" etc. Durch die Auflösung gerät man sprichwörtlich wieder mit sich ins Reine. Welche Funktion hat nun eine externe Verbindlichkeit und wie wirkt diese auf unseren inneren Dialog?

Durch die externe Verbindlichkeit schaffst du dir zusätzliche Werte wie: "Ich möchte nicht als Versager dastehen" oder "Ich halte mein Versprechen ein". Du gibst sozusagen ein Leistungsversprechen gegenüber anderen ab. Dieser Gedanke stärkt dein Engelchen, und dein Teufelchen wird durch die zusätzliche Motivation der externen Verbindlichkeit entkräftet.

Es gehört natürlich viel Willenskraft und Einsatz deinerseits dazu, dass du dich *ganz bewusst gerade NICHT* für die bequeme Seite entscheidest.

Wenn du jetzt aber noch zusätzlich einen "Gewohnheitspartner" an deiner Seite weißt, mit dem du wöchentlich ein Gespräch führst oder mit dem du sogar die Gewohnheit gemeinsam aufbaust, wirst du die kognitive Dissonanz vermutlich anders auflösen. Vielleicht bist du sogar in der Lage, beide Seiten zu akzeptieren, aber deine Gewohnheit dennoch durchzuführen. Denk dir: "Tja, ich fühle mich heute ganz schön müde, aber die Gewohnheit ist mir sehr wichtig, und außerdem habe ich keine andere Wahl, weil mein Gewohnheitspartner schon auf mich wartet. Deshalb werde ich meine Gewohnheit so oder so durchführen." Hier gehst du mit deiner kognitiven Dissonanz differenzierter um.

Verbindlichkeit schaffst du auch, indem du Menschen, die dir wichtig sind, von deinem Vorhaben erzählst. Du berichtest bewusst nicht zu viel über deine Resultate, sondern nur über dein Verhalten, welches du ändern wirst. Erzähle deinen besten Freunden, dass du von nun an täglich meditierst, und du wirst dabei eine unglaublich starke Verbindlichkeit in dir spüren.

Du kannst auch eine Wette abschließen. Für jeden Tag, an dem Ben nicht pünktlich aufsteht, muss er 5 Euro spenden, und zwar an eine Organisation, die er überhaupt nicht mag! Wow, das schafft Verbindlichkeit!
Entscheide ganz genau und bewusst, für was und mit wem du Verbindlichkeit schaffen möchtest.

Wie kannst du Verbindlichkeit schaffen, indem du einen Gewohnheitspartner findest, Freunden von deinem Vorhaben erzählst, eine Wette abschließt oder vieles mehr?

4) Negatives Umfeld

Möglicherweise werden nicht alle Menschen in deinem Umfeld von deiner Veränderung begeistert sein. In diesem Abschnitt betrachten wir das negative soziale Umfeld und wie damit umzugehen ist, denn man kann nur so hoch wachsen, wie es das Umfeld zulässt.

Der Personenkreis an Menschen, die dich in deinem Handeln negativ beeinflussen, kann groß sein. Hierzu gehören beispielsweise Menschen, die eine andere Einstellung zu deiner gewünschten Gewohnheit haben. Zu deinem "negativen Umfeld" können also auch liebende Menschen gehören, die du sehr wertschätzt, mit denen es aber einen Meinungsunterschied bezüglich einer deiner Gewohnheiten gibt. Zusätzlich kann es außerdem noch Menschen in deinem Umfeld geben, welche sogar sehr stark gegen deine Veränderung eingestellt sind und alles in ihrer Macht Stehende versuchen, um dich davon abzuhalten. Diese Personen stellen eine besondere Herausforderung dar, wenn sie Teil deines engeren Umfelds sind, denn diese haben einen großen Einfluss auf dich.

Du wirst viele verschiedene Reaktionen deines Umfeldes erleben.
Hierzu gibt es unterschiedliche Lösungen, wie du damit umgehen kannst.
Drei Vorschläge geben wir dir an die Hand:

1. Lass dich nicht irritieren

Eine Veränderung deiner Gewohnheit ist für einige Menschen deines Umfelds buchstäblich etwas ungewohnt. Manchen Menschen um dich herum musst du erst beweisen, dass die neue Gewohnheit eine positive Veränderung für dich bedeutet. Weniger Fleisch zu essen, könnte für deine Eltern sonderbar klingen. Sie haben eventuell wenige Kenntnisse bezüglich einer gesunden Ernährung oder finden es schlichtweg irritierend, dass du von nun an nur noch zweimal wöchentlich Fleisch konsumieren möchtest. Andere wiederum empfinden es als sinnfrei, dass du eine neue Sprache wie Chinesisch bzw. Mandarin lernen willst. Das ist okay, lass dich davon nicht irritieren. Schließlich gibt es für dich einen guten Grund, *warum* du diese Gewohnheit aufbauen möchtest. Sei dir bewusst, dass es völlig in Ordnung ist, wenn jeder eine andere Vorstellung von einem guten Leben hat.

Andere Menschen machen sich möglicherweise insgeheim mehr Gedanken über sich selbst als über dich. Wenn Freunde und Bekannte aus deinem nahen Umfeld erfahren, dass du dich weiter entwickelst, kann es sein, dass sich einige dadurch erst einmal verunsichert fühlen. Sie haben eventuell Angst, dass du sie in ihrer Entwicklung "abhängst" und du deshalb an irgendeinem Punkt kein Interesse mehr an ihnen haben könntest.

Stell dir beispielsweise vor, Leon treibt nun fast täglich Sport. Seine Freundin Lisa fühlt sich dabei verunsichert, weil sie selbst nicht sehr sportlich ist. Lisa fühlt sich auf einmal mehr und mehr unwohl in ihrem Körper. Sie sieht, wie Leon schlanker und sportlicher wird. Dabei fragt sie sich, ob sie für Leon überhaupt noch attraktiv genug ist. Lisa fragt sich auch, was Leon von ihr denkt, wenn sie nicht so viel Sport treibt wie er. Sie hat Angst, ihr Freund könnte sie sogar irgendwann verlassen. Deshalb unterstützt sie Leon auch nicht unbedingt und versucht stattdessen vielleicht, ihn in seiner Veränderung unterbewusst zu hemmen oder zu manipulieren, indem sie öfter mit ihm auswärts essen gehen möchte. Leon ist irritiert und sogar enttäuscht, dass er keine große Unterstützung von seiner Freundin erfährt. Im Endeffekt sprechen wir hier aber nicht mehr von Leons neuer Gewohnheit, sondern über die Unsicherheiten von Lisa. Als sich Leon dessen bewusst wird, kann er mit der Situation plötzlich ganz anders umgehen. Er versteht Lisa und spricht das Thema deshalb explizit an (für Details siehe den nächsten Vorschlag) und gibt seiner Freundin zu verstehen, dass er sie genauso liebt, wie sie ist.

Diese Dynamik lässt sich häufig beobachten, wenn man mit Gleichgesinnten viel Zeit verbringt und plötzlich eine Veränderung in seinem Leben hervorrufen möchte. Deine Mitmenschen können irritiert sein und fühlen sich eventuell sogar angegriffen. Sie empfinden es als eine Art Angriff auf ihre eigene Lebensweise. Wenn du in der Vergangenheit das Gleiche wie sie getan hast, dich nun aber verändern möchtest, dann könnten Menschen in deinem Umfeld das negativ interpretieren. Es liegt nahe, dass sie denken, ihr Verhalten wird von dir als nicht gut eingestuft, denn du bewegst dich genau davon weg. Häufig kommt es dann zu Reibungen.

→ Zeige also Verständnis, und sei dabei gleichzeitig in deiner Ausführung überzeugt und konsequent.
→ Vermeide, dich von den vielen Meinungen anderer irritieren zu lassen.
→ Gib deinem Umfeld auch die Möglichkeit, ihre eigene, andere Meinung zu äußern.

Du hast sicher auch zu einigen Gewohnheiten deiner Freunde deine eigene Meinung, welche du auch beibehalten möchtest. Aus diesem Grund sollte die Meinung anderer Menschen – trotz aller Unterschiedlichkeit – wertgeschätzt werden, aber das sollte dich nicht von deinem Vorhaben abhalten.

2. Menschen von deiner Gewohnheit überzeugen
Wenn du aber Menschen für dich und deine neue Gewohnheit gewinnen möchtest, empfehlen wir zuerst eine "transparente Kommunikation". Unter einer transparenten Kommunikation verstehen wir, offen über eigenen Ziele zu sprechen. Suche also das Gespräch mit deinem negativen Umfeld. Du kannst deine Kommunikation noch vertiefen, indem du über deine Gefühle sprichst. Wie fühlst du dich, wenn dich dein Umfeld in deinem Tun nicht unterstützt? Teile deinem Umfeld genau das mit und gib ihnen auch zu verstehen, *warum* die Veränderung so wichtig für dich ist.

Nimm dir für diese Gespräche Zeit. Wahrscheinlich beschäftigst du dich seit langem mit deiner Veränderung, doch dein Umfeld wird eventuell davon überrascht sein. Untersuche die Aussagen deines Umfelds auf das Positive. Was ist der Grund, weshalb dein Umfeld noch nicht von deinem Plan überzeugt ist? Vielleicht kannst du im Gespräch feststellen, dass du bei deiner Veränderung selbst etwas noch nicht berücksichtigt hast. Wenn das so sein sollte, kannst du noch einmal an deinem Ziel arbeiten und es gegebenenfalls nachjustieren und optimieren. Oft wird es deinen Mitmenschen aber etwas leichter fallen, dich zu verstehen, wenn du ganz offen und ehrlich deinen Standpunkt mit ihnen teilst und gleichzeitig auch Raum für deren Perspektive schaffst, ihnen zuhörst und Wertschätzung schenkst.

Nachdem beide Seiten ihre Standpunkte offen miteinander geteilt haben, ist nun eine Vereinbarung wichtig. Wie geht es weiter? Vielleicht habt ihr herausgefunden, dass ihr ganz einfach unterschiedlicher Meinung seid. In dieser Situation könntet ihr euch zumindest darauf einigen, das zu akzeptieren und gleichzeitig einen Kompromiss finden.

Ein Beispiel: Noah möchte mit dem Rauchen aufhören. Nachdem er aber seine Freunde nicht davon überzeugen konnte, dass das eine gute Idee ist, geht er mit ihnen einen Kompromiss ein. Seine Freunde rauchen von nun an nicht mehr in seinem Umkreis. Somit wird die Gefahr für Noah, schwach zu werden und doch zur Zigarette zu greifen, vermieden.
In anderen Situationen wirst du aber sogar in der Lage sein, eine Vereinbarung zu finden, mit der beide Seiten sehr zufrieden sein werden. Deshalb ist es so wichtig, dass du das Gespräch suchst und für Frieden einstehst.

Was kann passieren, wenn du dein Umfeld nicht über deine Veränderung informierst?
Vielleicht gehörst du der Personengruppe an, die nicht lange über ihre Veränderung sprechen will, sondern gleich ins Tun kommen möchte. Oder vielleicht möchtest du die neue Gewohnheit nicht ansprechen, weil es dich in Stress versetzt, möglichst auch erfolgreich zu sein. Es gibt einige Gründe, warum man die Information zurückhalten möchte. Was kann aber passieren, wenn man sein Umfeld nicht informiert? Dein Umfeld wird eine Veränderung an dir feststellen und versucht, diese zu interpretieren. Aber, wie so oft im Leben, ist die Phantasie der Menschen sehr groß. Damit niemand irritiert wird, solltest du vor deinem Vorhaben die wichtigsten Personen darüber informieren.
Hierzu das Beispiel vom vorherigen Vorschlag "Lass dich nicht irritieren": Leon möchte mehr Sport treiben und gesünder essen. Ohne dass er mit seiner Freundin Lisa darüber gesprochen hat, hat er seine neue Gewohnheit begonnen. Das wiederum könnte von Lisa falsch verstanden werden. Sie könnte eventuell glauben, dass Leon nach einer neuen Freundin Ausschau hält und sich wieder für den Singlemarkt "auffrischt". Aber diese Geschichte hat ein Happy End: Nachdem Leon die wahren Hintergründe genannt hat, fühlt er sich in seinem Vorhaben unterstützt, und Lisa ist ebenfalls erleichtert.

3. Meiden oder Loslassen
Was ist aber, wenn dich das negative Umfeld sehr irritiert und sich nicht überzeugen lässt? Wenn du das Gefühl hast, dass deine authentische Persönlichkeit nicht akzeptiert wird?

Dann könnte es die richtige Entscheidung sein, dass du hier den nächsten Schritt gehst. Welche Möglichkeiten können wir dir anbieten?

Falls keiner unserer beiden Vorschläge funktioniert, könnte es nun für dich wichtig sein, dein negatives Umfeld zunächst zu meiden. Wenn du mit einem *richtigen Gegner* deiner Gewohnheit zu tun hast, wirst du es schwer haben, dich auf dein Ziel weiterhin zu fokussieren. In manchen Situationen wird es sehr leicht sein, dieses Umfeld oder diese Person zu meiden, in anderen Situationen kann es weniger leicht sein.
Was aber tun, wenn man sein negatives Umfeld aus verschiedenen Gründen nicht meiden kann? In diesem Fall solltest du dringend dein Umfeld um Personen erweitern, die dir Kraft, Mut und Energie geben. Gleichzeitig einen Menschen oder sogar ein Umfeld von "Mutmachern" im Raum zu haben, kann oftmals sogar dein negatives Umfeld stummschalten.

In anderen Situationen ist es die richtige Entscheidung, dein Umfeld komplett loszulassen. Manchmal kann ein bestimmtes Umfeld für dich persönlich einfach absolut kontraproduktiv sein. Obwohl du alles in deiner Macht Stehende versucht hast, fühlst du dich ohnmächtig und der Negativität hilflos ausgesetzt.

Solltest du dich in solch einer Situation befinden, musst du dir folgende Frage stellen: Wenn ich dieses Umfeld verlasse, was würde ich gewinnen – und was würde ich verlieren? Wenn der Gewinn größer als der Verlust ist, dann ist die Entscheidung schnell gefällt. Möglicherweise könnte es aber auch bedeuten, dass du das Umfeld nicht komplett verlässt, sondern nur einige Situationen und Aktivitäten mit diesem Personenkreis klar aus deinem Leben streichst. Vielleicht möchtest du nicht mehr ständig zum Feiern gehen, beim wöchentlichen Spieleabend hingegen bist du dabei.

Uns ist bewusst, dass es für manche nicht leicht ist, etwas oder jemanden aus seinem Umfeld loszulassen, weil eventuell Verpflichtungen, ein moralischer Gedanke oder Angst vorhanden sind. Für manche bedeutet es sogar, einen langjährig geschaffenen sozialen Kreis zu verlassen. Wenn du das Gefühl einer gewissen Abhängigkeit empfindest, solltest du dir folgende Fragen ehrlich beantworten:

→ Wieso ist dir die Meinung der Gruppe oder Person so wichtig?
→ Was hält dich davon ab, dieses Umfeld zu verlassen?

Wenn du feststellst, dass du durch das Verlassen dieses Umfelds langfristig mehr gewinnst als verlierst, dann steht die Entscheidung schnell fest.

Was bedeutet das Kapitel "Negatives Umfeld" für dich?
Welcher nächste Schritt ist nun für dich wichtig?

Zusammenfassung:

Es gibt 4 Themengebiete der Optimierung deines sozialen Umfeldes:

1) Finde deine Unterstützer
Umgib dich mit Menschen, die sich auf demselben Weg befinden.
Verbringe mehr Zeit mit ihnen.

2) Inspiration finden
Lies Bücher, schaue Filme, besuche Events, welche dich inspirieren und dir neuen Schwung verleihen.

3) Verbindlichkeit schaffen
Schaffe Verbindlichkeit, indem du deine Gewohnheit mit Freunden gemeinsam durchführst.
Schließe eine Wette mit dir selbst oder anderen ab und behalte deine Gewohnheit genau im Blick.

4) Negatives Umfeld
Lass dich nicht von einem negativen Umfeld irritieren. Nimm dieses Umfeld mit ins Boot und kläre in einem offenen Gespräch, warum die Gewohnheit so wichtig für dich ist.
Wenn das nicht hilft, distanziere dich von Menschen, die dich in deiner Veränderung nicht akzeptieren.
Dafür ist es nicht immer nötig, Menschen komplett aus deinem Leben zu streichen. Manchmal genügt es, ausgewählte Zeit mit bestimmten Personen in bestimmten Kontexten zu verbringen.

11.2 Räumliches Umfeld

Neben deinem sozialen Umfeld gibt es auch noch das räumliche Umfeld, welches dich maßgeblich in deinem täglichen Handeln einschränken oder unterstützen kann.

- ‣ In einer unaufgeräumten Wohnung ist es beispielsweise schwer, einen klaren Kopf zu bewahren.
- ‣ Täglich an einem Fastfood-Restaurant vorbei zu laufen, verleitet dich zu anderen Gedanken, als wenn du an einem Fitnesscenter vorbeiläufst.
- ‣ Sich einen Hund anzuschaffen führt dazu, dass du vermutlich täglich spazieren gehen wirst, unabhängig von deiner Gefühlslage. Du befindest dich also öfter an der frischen Luft.

Diese Beispiele beschreiben, wie dich dein Umfeld über zwischenmenschliche Kontakte hinaus beeinflusst.

Es ist genial, dein Umfeld bewusst positiv zu gestalten, weil es dich oftmals von der eigenen Willenskraft und Disziplin loslöst. Natürlich könntest du dich beispielsweise jeden Tag eine Stunde lang disziplinieren und eine neue Sprache lernen. Du kannst aber auch für ein paar Wochen oder Monate ins Ausland reisen oder sogar dorthin ziehen, um diese Sprache zu erlernen, wenn du das möchtest und kannst. Das ist effizienter, abenteuerlicher und du lernst die Sprache automatisch.

Im Endeffekt ist es dein Ziel, durch die Veränderung deines räumlichen Umfelds all die *Auslöser* zu verringern, welche deine negativen Gewohnheiten gestützt haben. Du möchtest all die Auslöser verstärken oder sogar neue Auslöser und Umstände schaffen, welche dich in deinen positiven Gewohnheiten unterstützen.

1) Negative Auslöser
Bestimmt erinnerst du dich noch an den Gewohnheits-Kreislauf, welcher in Kapitel 1 (Was sind Gewohnheiten) erklärt wurde. Negative wie auch positive Verhaltensmuster werden durch einen Auslöser hervorgerufen.
Das kann ein externer Auslöser sein, zum Beispiel das Bild eines leckeren Burgers oder ein unaufgeräumtes Zimmer. Es kann aber auch ein interner Auslöser sein, zum Beispiel ein Gefühl von Müdigkeit oder Einsamkeit. In der Regel hängen diese beiden Auslöser sogar miteinander zusammen. Du siehst eine Werbeanzeige eines Fastfood-Restaurants (externer Auslöser). Dieser Anblick führt zu einem starken Appetit-Gefühl (interner Auslöser), und aus diesem Grund fährst du zum nächstgelegenen Fastfood-Restaurant.

Es gibt zwei wichtige Fragen zu beantworten:

1) Was sind die Auslöser deines räumlichen Umfelds, die dich im Alltag an der Ausführung deiner positiven Gewohnheit hindern oder welche deinen negativen Gewohnheiten weiter Raum geben?

2) Wie kannst du diese Auslöser verringern?

Beispiele:
Sophia möchte seit längerem täglich meditieren. Das praktizierte sie seit ein paar Wochen schon des öfteren, aber eben nicht regelmäßig. Gestern ließ sie das Meditieren ausfallen. Auf dem Weg zur Arbeit reflektiert sie den gestrigen Tag, denn sie möchte dieser Situation auf den Grund gehen. Ihr fällt auf, dass ihr Meditationskissen, welches in der Regel im Wohnzimmer auf dem Boden liegt, nicht sofort verfügbar war. Weil Besuch da war, hatte sie das Kissen weit hinter ihrem Sofa versteckt. Sie wollte ihre Meditationsecke eigentlich nach dem Besuch direkt wieder einrichten, was sie aber versäumte.
Am nächsten Morgen hatte sie zusätzlich etwas Zeitdruck, da sie den Wecker nicht richtig gestellt hatte. Dazu kam, dass ihr Meditationskissen nicht griffbereit lag. Diese beiden negativen Auslöser von Zeitdruck und fehlender Vorbereitung des Meditationskissens führten dazu, dass Sophia die Gewohnheit einfach übersprang. "Interessant!", denkt sie sich. Zu Hause angekommen, platziert sie direkt ihr Meditationskissen, stellt ihren Wecker und aktiviert die Option des automatischen Weckens auf täglich 7 Uhr.

Ben möchte gerne früher ins Bett, aber immer, wenn er sich nach dem Abendbrot aufs Sofa setzt, fällt ihm auf, dass ihn seine Spielekonsole "so liebevoll" anschaut. Das Spielzeug dient oft als Auslöser einer spontanen mehrstündigen Spielerei. Am liebsten würde Ben damit aufhören. Es macht ihm aber sichtlich Spaß. Doch er könnte (zugegebenermaßen) auch komplett darauf verzichten, wenn das einen gesunden Schlafrhythmus zur Folge hätte.
Also verkauft Ben seine Spielekonsole im Internet.

Natürlich ist das nicht immer die einzige oder beste Lösung. Eventuell wird sich Ben eine andere Ablenkung suchen, wie zum Beispiel seine Zeit mit gehaltlosen Videos auf YouTube zu verbringen. Deshalb ist es wichtig, mit der möglichen Leere umzugehen, welche durch das Fehlen der Playstation entsteht. Ben könnte sich öfter mit Freunden treffen, mehr Musik hören, Bücher lesen, Bücher schreiben, Sport treiben oder sich ganz einfach öfter auf das Sofa setzen, sich mit einem Stift und einem Blatt Papier Gedanken über sein eigenes und das Leben anderer machen – und dennoch früher schlafen gehen. Es ist gut zu wissen, was du *nicht* möchtest (keine Playstation mehr spielen), aber es ist noch wichtiger zu wissen, was *du möchtest* (Lesen, Musik, hören, Freunde treffen,...).

Noah raucht noch, aber das soll sich ändern. Er wohnt momentan direkt neben einem Kiosk. Dort kauft er sich seine tägliche Ration an Zigaretten. Noah hat schon mehrfach versucht, mit dem Rauchen aufzuhören und dies auch ein paar Wochen durchgehalten. Jetzt ist es ihm aber wirklich ernst damit. Ihm kommt zugute, dass er sich momentan zusammen mit seiner Freundin eine neue Wohnung sucht. Noah achtet nun akribisch darauf, dass in der Nähe der neuen Wohnung kein Kiosk vorhanden ist. Schon der Gedanken daran, dass direkt neben seiner Wohnung eine Gelegenheit mit Zigaretten auf ihn wartet, könnte zum negativen Auslöser dafür werden, eine Schachtel Zigaretten zu kaufen. In der neuen Wohnung wird Noah jedoch zumindest räumlich dabei unterstützt, in den nächsten Monaten das Rauchen komplett loszulassen.

Welche negativen Auslöser gibt es bei dir, und wie kannst du diese loslassen?

2) Positive Auslöser

Vorbereitende Gewohnheiten:

Im Alltag gibt es viele kleine Auslöser, die es dir einfach machen, deine positiven Gewohnheiten aufrecht zu erhalten.

Im Abschnitt „Klarheit schaffen" haben wir darüber bereits ausführlich geschrieben. Deswegen konzentrieren wir uns in diesem Teil auf eine kurze Wiederholung. Wenn du morgens aufwachst und am Abend davor schon dein gesundes Frühstück vorbereitet hast, befindest du dich auf einmal in einer ganz anderen Situation. Es ist sehr wahrscheinlich, dass du an diesem Morgen auch gesund frühstücken wirst. Spezifische Dinge für deine neuen Gewohnheiten vorzubereiten, verschafft dir einen Vorteil, und du kreierst dein neues räumliches Umfeld. Mehr Informationen zu den "vorbereitenden Gewohnheiten" findest du in Kapitel 10.1 (Klarheit schaffen).

Es gibt unzählige kleine Vorbereitungen, welche gleichzeitig Auslöser für deine positive Gewohnheit darstellen und somit dein Leben verändern können. Eine vorbereitete Sporttasche, ein Kühlschrank voll gesunder Lebensmittel oder ein sauberer Platz zum Meditieren sind nur einige Beispiele dafür.

Was kannst du im Vorfeld organisieren, um dein räumliches Umfeld so zu gestalten, dass du deine Gewohnheit auch tatsächlich umsetzt?

Einmalige Anschaffungen:
Weitere positive Auslöser können – durch einmalige Anschaffungen – dein Leben revolutionieren. Stelle dir einmal vor, du würdest dir nächste Woche einen Hund zulegen. Vermutlich wärst du von heute auf morgen aktiver und würdest viel öfter spazieren gehen. Diese eine Änderung und Anschaffung kann eine neue Gewohnheit in deinem Leben hervorrufen.

Hier sind weitere Beispiele für eine einmalige Änderung:

→ Einrichten der Stummschaltung für all deine Benachrichtigungen auf verschiedenen Plattformen/Internet
→ Einen Mixer für gesunde und leckere Shakes kaufen
→ Einen bequemen Meditationssitz kaufen
→ Ein Rollo kaufen, das dein Schlafzimmer vollständig abdunkelt, damit du eine bessere Schlafqualität erhältst
→ Einen Wasserfilter kaufen, um täglich reines, frisches Wasser zu trinken
→ Angenehme und gut aussehende Sportbekleidung kaufen, in der du dich attraktiv findest
→ Super bequeme, funktionale und gutaussehende Laufschuhe kaufen
→ Eine Fitnessstudio-Mitgliedschaft wechseln, zu einem näher gelegenen Studio oder einem Premium Fitnessstudio, welches zwar teurer ist, aber mehr Freude bereitet

---

Haben wir dich inspiriert?
Welche einmalige Anschaffung könntest du tätigen, um deine positive Gewohnheit zu stabilisieren?

3) Tagesplanung

So wie du deinen Tag aufbaust, entscheidet letztendlich, wo du wann sein wirst. Deine Tagesplanung bestimmt maßgeblich dein räumliches Umfeld. Der eine erfährt eine größere Freiheit in seiner Tagesplanung als der andere, dennoch haben wir alle einen gewissen Spielraum an Freiheit.

Welches Meeting du wann und wo haben wirst, kannst du manchmal sogar selbst entscheiden. Wo und wann genau und wie du deinen Feierabend verbringen wirst, kannst du ebenfalls häufig selbst entscheiden.

Um dir ein unterstützendes räumliches Umfeld aufzubauen, bedarf es einer Tagesplanung.

Ich persönlich (Marco) befinde mich morgens von 8 - 9 Uhr in der Regel in Ruhe an meinem Schreibtisch. Nachmittags in der Zeit von 13 - 15 Uhr plane ich gewöhnlich etwas, was mich davon abhält, alleine meine Zeit im Internet zu verschwenden. Deshalb ist um diese Zeit also ein Meeting, Coaching, Mittagsschlaf (soweit möglich) oder Spaziergang geplant. Meine räumliche Situation sieht plötzlich ganz anders aus: Sitze ich alleine vor meinem Laptop? Oder spreche ich zum Beispiel im Coaching mit einem Klienten über dessen Emotionen und helfe ihm, sein Leben besser zu gestalten? Das eine zieht Energie, das andere schenkt mir Energie.

Das ist meine persönliche Präferenz, bei dir ist es vermutlich anders.

Wie könnte dir deine Tagesplanung dabei helfen, dich bei deiner neuen Gewohnheit zu unterstützen?

Denke dabei an deine positiven und negativen Auslöser. Letztendlich geht es darum, die negativen Auslöser zu verringern und die positiven Auslöser zu verstärken.

An dieser Stelle möchten wir dich kurz daran erinnern, dass du nur etwas Wertvolles und Brauchbares aus diesem Buch mitnimmst, wenn du die Informationen auch anwendest. Gab es auf den letzten Seiten hier einen Tipp, den du für deine neue Gewohnheit verwenden kannst? Nimm einen Stift zur Hand und schreibe es in dieses Buch!

Zusammenfassung:

Für das Optimieren deines räumlichen Umfelds ist es wichtig, physisch negative Auslöser zu minimieren und physisch positive Auslöser zu verstärken.

1) Negative Auslöser
Beispiele für potenziell negative Auslöser sind: ein unaufgeräumtes Zimmer, ungesunde Snacks im Haus zu haben sowie Computerspiele.

2) Positive Auslöser
Beispiele für potenziell positive Auslöser sind: ein vorbereiteter Meditationssitz, bequeme Laufschuhe, gesundes und leckeres Obst im Haus zu haben.

3) Tagesplanung
Zusätzlich kannst du deine Tagesplanung optimieren, denn du hast einen gewissen Einfluss darauf, wann du dich wo im Lauf des Tages befindest. Durch eine optimale Tagesplanung werden negative Auslöser minimiert und positive Auslöser maximiert

---

12) Einstellung

Wie du bereits weißt, ist das Aufbauen einer Gewohnheit kein Sprint, es ist ein Marathon.

Auf dem Weg deiner Veränderung können sich von Zeit zu Zeit Gedanken einschleichen, welche dazu verführen können, deine Gewohnheit fallen zu lassen. Eine buddhistische Weisheit untermauert die potenziellen Gefahren – aber auch potenziellen Chancen – bezüglich deiner Gedanken auf der Reise deiner Veränderung:

„Du wirst morgen sein, was Du heute denkst."

In diesem Kapitel helfen wir dir, mit möglichen Rückschlägen umzugehen und deine Motivation langfristig am Leben zu halten.

12.1 Mit Rückschlägen umgehen

1) Cool bleiben
Rückschläge auf dem Weg zu deinem Ziel sind ganz natürlich.
Ich (Marco) habe im Abschnitt "Babysteps" angemerkt, dass es über ein Jahr dauerte, bis ich eine tägliche und stabile Meditations-Gewohnheit aufgebaut hatte.
Es ist Teil des Prozesses und ganz normal.

Für Tage, an denen du deine neuen Gewohnheiten nicht umsetzt, ist eins wichtig: Bleib cool. Wenn du einen Tag überspringst, dann ist das kein Weltuntergang.

Wenn Theresa vier Tage die Woche sehr produktiv arbeitet, aber am fünften Tag nur noch 70 % Gas gibt, dann ist das okay. Die Woche war dennoch produktiv.
Genauso ist es umgekehrt: Wenn Theresa vier Tage unproduktiv ist und am fünften einen guten Tag hat, dann ist das schön, die Woche war trotzdem unproduktiv.
Betrachte es also perspektivisch: Einen Tag zu überspringen, ist für die Gewohnheit nicht weiter tragisch. Das Schlimmste, das passieren kann, ist jedoch, dass dies wie ein Gift für deine Psyche wirkt.
Vielen Menschen ergeht es so, dass sie das einmalige Überspringen ihrer neuen Gewohnheit als Eintrittskarte zum dauerhaften Vernachlässigen der Ausführung ihrer geplanten Gewohnheit betrachten.

"Jetzt habe ich schon ein Stück Schokolade gegessen, nun kann ich auch noch den Rest essen."
"Jetzt habe ich schon letzte Woche einmal nicht meditiert, dann kann ich auch noch heute einen Tag aussetzen – ist ja letzte Woche auch nichts passiert."
"Vielleicht brauche ich einfach für ein paar Tage eine Sportpause."

In der Psychologie nennt man diesen Effekt den "What-The-Hell-Effekt".
Der einmalige Ausrutscher führt zum Beginn des kompletten Nachlassens in der Gewohnheit, man lässt alles "einfach schleifen".

Wir erwähnen hier ganz bewusst diesen Effekt, denn wenn du dir dessen bewusst wirst, kannst du ihm am ehesten entgehen. Im Englischen sagt man dazu: "Name it and you tame it", was übersetzt heißt: "Nenne es beim Namen, und du wirst es zähmen."
Wenn du dich also einmal dabei erwischst, einen Tag zu überspringen, dann sprich laut aus, was gerade geschieht, und dass der What-The-Hell-Effekt keine Option für dich ist.
In diesem Moment gibt es nämlich noch kein wirkliches Problem.

Das Problem beginnt erst, wenn du dich diesem psychologischen Effekt hingibst und all deine guten Vorsätze komplett fallen lässt.
Wir fordern dich heraus, deine Fehltritte aus einer komplett anderen Perspektive zu betrachten.

Natürlich ist es nicht optimal, wenn du einen Tag bezüglich deiner Gewohnheit auslässt. Es gibt keinen Grund, diesen "Fehltritt" schönzureden. Ganz und gar nicht!
Der Fehltritt kann auf eine Art und Weise interessant sein, denn wenn du diesen Tag reflektierst, kannst du dir zu 100 % sicher sein, dass es heute eine wichtige Lektion zu lernen gab.
Du hast dir deine Strategie aufgebaut und ein Ziel für deine Gewohnheit gesetzt, trotzdem konntest du diese heute nicht Realität werden lassen. Deine Strategie war also noch nicht komplett – etwas fehlte.
Du hast wohl nicht alle Faktoren mit einbezogen und beachtet.

James Clear teilt in seinem Buch "Atomic Habits" einen brillanten Satz mit. Er meinte, bei einer Wahl gehe es nicht darum, jede Stimme zu gewinnen. Es gehe darum, die Mehrheit für sich zu gewinnen. Genauso ist es mit Gewohnheiten. Sei zum einen also nicht zu hart zu dir selbst, zum anderen kannst und solltest du dir natürlich trotzdem – aus einer neugierigen Motivation heraus – folgende Kernfragen stellen:

• Welchen Grund gibt es, weshalb du heute dein Vorhaben hast "schleifen lassen"?
• Was kannst du heute daraus lernen?
• Was passierte kurz davor, bevor du dich gegen deine Gewohnheit entschieden hast?
• Und was kannst du morgen anders machen?

Es gibt eine Antwort, das ist sicher. Denn dort wo ein "Fehler" aufgetreten ist, gibt es auch eine Lösung.
Du bist ein dynamischer Mensch, der wachsen und lernen kann.
Heute ist deine Chance, dich weiterzuentwickeln und zu lernen:

Nimm diese Chance wahr!
Bleib cool.
Es ist alles gut, du bist mitten im Prozess.
Du bist mitten auf der Reise, deine Gewohnheit Realität werden zu lassen.
Du bist mittendrin!
Genieße die Reise.
Es ist ganz klar, dass es nicht einfach ist.
Das wussten wir alle von Beginn an.

Es gibt ein großes Geheimnis zum Thema "Erfolg und Gewohnheiten": Die Gewinner sind nicht die Menschen, die alles direkt perfekt machen. Diese gibt es tatsächlich nicht. Wenn du Biographien von Menschen wie Michael Jordan, Beyoncé oder Steve Jobs liest, dann wird dir schnell bewusst, dass all diese Personen sehr gut darin sind, aus Fehlern zu lernen. Sie definieren sich durch ihre Eigenschaft, am Ball zu bleiben und sich ständig weiterzuentwickeln.

Fehler bedeuten nicht, dass sie als Person versagt haben, sondern dass sie hier eine Chance haben, sich zu verbessern.

Die Gewinner sind all jene, die am Ball bleiben, lernen und weitermachen.

Wenn genau das deine Erwartungshaltung ist, dann fällt es dir auch ganz leicht, cool zu bleiben, denn du weißt bereits, dass du nicht perfekt bist und du weißt auch, dass du heute etwas lernst.

Michael Jordan, einer der besten Basketballspieler der Geschichte, verdeutlicht dies noch einmal mit folgenden Worten:
"Ich habe in meiner Karriere mehr als 9.000 Würfe verpatzt. Ich habe fast 300 Spiele verloren. Sechsundzwanzig Mal wurde mir der entscheidende Wurf anvertraut, und ich habe nicht getroffen. Ich habe in meinem Leben immer und immer wieder versagt.
Und deshalb wurde ich erfolgreich."

Wie kannst du sicherstellen, dass du in den richtigen Momenten Ruhe bewahrst?
Welche Gedanken helfen dir dabei, welche Gedanken hindern dich dabei?

2) Wertschätzung deines "inneren Schweinehunds"

Dein "innerer Schweinehund" ist ein guter Freund. Er ist der Hüter deiner Kräfte. Er möchte sicherstellen, dass du so viel Energie wie möglich sparst, damit du für mögliche Notfälle vorbereitet bleibst.

Wann auch immer sich dein innerer Schweinehund meldet, ist es wichtig zu verstehen, was gerade in dir vorgeht. Beispielsweise verbringt Theresa nach einer Stunde Arbeit wieder Zeit auf Social Media. Sie fühlt sich dabei etwas schuldig und ist sogar von sich selbst enttäuscht.

Nehmen wir dieses Beispiel genauer unter die Lupe:

Wer ist denn hier über wen enttäuscht? Kann Theresa überhaupt von sich selbst enttäuscht sein? Ein Messer kann sich ja auch nicht selbst schneiden, und das Feuer kann sich nicht selbst verbrennen.

Es müssen also mindestens zwei Seiten in Theresa existieren. Die eine Seite ist von der anderen Seite enttäuscht. Eine Seite in Theresa ist schon etwas müde und würde gerne eine Auszeit nehmen, weil sie bereits eine ganze Stunde fokussiert gearbeitet hat. Wir nennen diese Theresas *Genuss-Seite*.

Es gibt aber noch eine zweite Seite in Theresa, welche heute wirklich produktiv sein möchte, denn sie möchte ihre Examen in zwei Wochen bestehen. Nennen wir diese Seite ihre *Erfolgs-Seite*. Während Theresa bereits 20 Minuten auf Social Media verbringt, fühlt sich die *Erfolgs-Seite* in ihr vernachlässigt, und das bleibt nicht unbemerkt. Die *Erfolgs-Seite* lässt Theresas *Genuss-Seite* schuldig und niedergeschlagen fühlen, denn Theresa arbeitet wieder einmal nicht so produktiv, wie ihre *Erfolgs-Seite* das gerne hätte.

In diesem Fall hat Theresa ein Schwarz-Weiß-Denken verwendet. Entweder wird hart gearbeitet oder Theresa fühlt sich schuldig. Es scheint fast so, als ob die *Erfolgs-Seite* in Theresa die *Genuss-Seite* dominiert und überhaupt nicht liebevoll und wertschätzend behandelt.

Das sieht auch ihre Freundin Marie und sagt deshalb öfter zu Theresa: "Sei doch nicht so hart zu dir selbst."

Man sollte berücksichtigen, dass beide Seiten wichtig sind. Beide Anteile in Theresa erfüllen eine wichtige Rolle, und beiden sollen Mut und Wert zugesprochen werden.

Die *Erfolgs-Seite* in Theresa ist dafür verantwortlich, dass sie überhaupt so weit in ihrem Leben gekommen ist. Sie hat bereits in der Schule sehr hart gearbeitet und studiert nun Medizin an einer bekannten Universität. All das hat sie vor allem ihrer *Erfolgs-Seite* zu verdanken.

Die *Genuss-Seite* in ihr ist dafür verantwortlich, dass sie sich nicht überarbeitet und in stressigen Situationen auch einmal abschaltet. Wenn sie diese Seite nicht in sich hätte, dann wäre ihr Leben ganz schön trist. Dadurch hat sie viele Freunde kennengelernt, viele schöne Tage in der Natur verbracht und viele Nächte in Clubs durchgetanzt.

Dadurch, dass die *Erfolgs-Seite* aber oft dominiert, erlaubt sich Theresa nicht viele Pausen und zwingt sich oft, am Schreibtisch zu sitzen. Dennoch braucht sie auch einmal eine Pause, also sucht sich ihr Unterbewusstsein ein Ventil, welches Stress abbaut, aber nicht optimal ist: Sie bleibt am Schreibtisch sitzen und verbringt Zeit auf Social Media.

Nachdem Theresa beide Seiten voll und ganz in sich integriert und wertschätzt, beschließt sie, öfter Pausen einzubauen. Sie erlaubt sich, ihren Schreibtisch zu verlassen. Wenn Theresa sich etwas müde oder abgelenkt fühlt, dann geht sie einfach 15 Minuten in einem nahegelegenen Park spazieren. Manchmal ruft sie eine Freundin an und plaudert etwas oder sie läuft in den nahen Supermarkt und holt sich einen leckeren Joghurt. Theresa findet also einige Möglichkeiten, wie sie ihrer *Genuss-Seite* Raum schenken kann. Gleichzeitig stellt sie aber sicher, dass diese Seite nicht den kompletten Raum einnimmt und sie immer noch viel Zeit und Energie der *Erfolgs-Seite* widmet. Nach diesen kleinen Pausen geht es nämlich für Theresa direkt weiter mit dem Studieren. Oft machen diese Pausen sie sogar produktiver, denn anstatt sich im Internet zu verlieren, baut sie von nun an viele bewusste und Energie spendende Pausen ein.

Diese gesunde Balance zu halten, gelingt Theresa nicht immer, aber zumindest in letzter Zeit immer mehr. Erst nachdem Theresa ihr Innenleben besser verstanden hat und liebevoller mit sich umgeht, hat sich ihr Alltag weniger zum Krampf, sondern vielmehr zum Tanz entwickelt: Die *Genuss-Seite* tanzt dynamisch mit der *Erfolgs-Seite* im Einklang – und beide bereichern einander dabei.

Wie kannst du beiden Seiten in dir Raum schenken?

Zusammenfassung:

Wenn du mit Rückschlägen umgehen möchtest, sind folgende zwei Aspekte wichtig:

1) Cool bleiben
Rückschläge auf dem Weg zu deiner neuen Gewohnheit sind Teil des natürlichen Prozesses. Diese Rückschläge können jedoch psychologisches Gift sein.
Wenn du deine neue Gewohnheit einmal schleifen lässt, liegt es nahe, dass dies öfter geschieht.
Dieser Effekt wird auch der What-The-Hell-Effekt genannt. Wenn du ein Stück Schokolade isst, kann es passieren, dass du gleich die ganz Tafel isst, denn: "Jetzt ist es eh schon zu spät."
Werde dir über den What-The-Hell-Effekt bewusst, denn dein Bewusstsein ist dein Gegenmittel.
Bleib cool, lerne aus den Rückschlägen und verbessere deine Strategie.

2) Wertschätzung deines "inneren Schweinehunds"
Deine innere Unlust hat einen Sinn. Es gibt eine Seite in dir, die produktiv sein möchte, und es gibt eine Seite in dir, die regenerieren möchte. Beide Seiten sind wichtig für deinen Erfolg, aber auch für dein Wohlbefinden. Stelle sicher, dass beide Seiten genug Aufmerksamkeit und Wertschätzung bekommen. Nur durch das optimale Regenerieren hat das Generieren Platz in deinem Leben.

12.2 Die Flamme am Leben erhalten

1) Das "Warum" verstärken

Wie bereits in Kapitel 8 (Visualisierung) beschrieben, ist die Visualisierung eine wirksame Methode. Dort hast du die konkrete Ausführung deiner Gewohnheit für den morgigen Tag visualisiert.

In diesem Teil des Buches werden wir die Methode der Visualisierung noch einmal anwenden, jetzt aber auf eine andere Art und Weise.
Bei der folgenden Technik konzentrieren wir uns darauf, *wie* dich deine Gewohnheit in Zukunft verändern kann. Du wirst visualisieren, wie du dich über verschiedene Zeitpunkte in der Zukunft entwickeln kannst, wenn du deine Gewohnheit morgen wieder fallen lässt. Und wir vergleichen diese Vorstellung mit deiner potenziellen Entwicklung, wenn du deine Gewohnheit langfristig am Leben hältst.

Wir laden dich dazu ein, folgende Visualisierung auszuprobieren:
Lies dir unsere Anleitung durch, schließe danach die Augen und führe sie durch.
Die Visualisierung sollte ca. 5 Minuten dauern.

Stell dir zunächst noch einmal das klare Ziel deiner Gewohnheit vor.
Stell dir auch vor, dass du ab morgen nichts mehr für diese Gewohnheit tun wirst.
Gar nichts.
Wir reisen nun in die Zukunft, und zwar…

… 1 Woche.

Stell dir vor, du liegst abends im Bett und bist dir ganz genau bewusst, dass du die letzte Woche nichts für deine Gewohnheit getan hast, obwohl du dir doch so sehr vorgenommen hast, etwas zu verändern.

> Wie fühlst du dich? Spüre tief hinein.
> Welche Gedanken schießen dir durch den Kopf?
> Hast du bereits anderen von deiner neuen Gewohnheit erzählt? Was denken sie?

… 1 Monat.

Wir reisen weiter in die Zukunft. Wie fühlt sich das alles in einem Monat an?

… 1 Jahr.

und plötzlich sind es 52 Wochen. In einem Jahr hätte sehr viel passieren können, und das ist dir sehr bewusst.
> Du schaust in den Spiegel, was siehst du?
> Wie fühlst du dich? Spüre tief hinein.
> Welche Gedanken schießen dir durch den Kopf?

... 10 Jahre.
10 Jahre ohne deine neue gute Gewohnheit.
Was haben diese 10 Jahre als Resultat mit sich getragen?
> Wie alt bist du in 10 Jahren?
> Du schaust in den Spiegel, wie siehst du aus?
> Wie fühlst du dich? Spüre tief rein.
> Welche Gedanken schießen dir durch den Kopf?
> Welche Ergebnisse hast du erzielt aufgrund des "Schleifen lassens" deiner Gewohnheit?
> Wie nimmt dich dein Umfeld wahr?
> Welche Menschen ziehst du in dein Leben?

Bleibe noch einen Moment in diesem Gefühl. Spüre hinein.
Es ist lediglich eine Visualisierung und hat nichts mit der Realität zu tun.
Okay... stell dir nun vor, du beißt in eine frische Zitrone, und nun drehen wir den Spieß um:

... 1 Woche.
1 Woche ist bereits vergangen, du schaust zurück. Du hast es bis jetzt geschafft!
> Wie fühlst du dich, wenn du an deinen momentanen Erfolg denkst?
> Welche Gedanken schießen dir durch den Kopf?

... 1 Monat.
1 Monat, wow! Die wenigsten Menschen schaffen es so weit!
> Siehst du bereits erste Veränderungen?
> Wie nimmt dich dein Umfeld wahr?

... 1 Jahr.
Jetzt wird es ernst. Nach einem Jahr deiner neuen Gewohnheit hat sich sehr viel verändert.
> Welche Erfolge und Ergebnisse kannst du verzeichnen?
> Wie schauen, fühlen, hören sich diese Erfolgserlebnisse an?
> Was hast du an Feedback bereits aus deinem Umfeld erhalten?

... 10 Jahre.
Und zum Abschluss: 10 Jahre.
> Dein Leben hat sich komplett verändert. Was ist bezüglich deiner Gewohnheit geschehen?
> Was hast du möglicherweise erreicht?
> Wie fühlt sich das an? Spüre tief hinein.
> Wie denkst du über dich selbst?
> Welche Menschen ziehst du in dein Leben?

Spüre noch einmal tief in die Emotion hinein – und öffne dann wieder die Augen.

Wie war das jetzt für dich?
Wurde die Frage "Warum mache ich das?" noch einmal vertieft, konnte sie beantwortet werden? Was nimmst du aus der Visualisierung mit?

2) Habit Tracker

Habit Tracker bedeutet auf Deutsch übersetzt soviel wie „Gewohnheits-Nachverfolger".

Mit einem Habit Tracker kannst du deine persönlichen Veränderungen und Erfolge kontrollieren. Wie funktioniert nun die Nachverfolgung der Gewohnheiten? Die Antwort lautet: Indem man sein Leben bewusst beobachtet und beispielsweise in einem Notizbuch festhält. Durch den Habit Tracker, auch Monitoring genannt, wird der Verlauf der Veränderung notiert und regelmäßig überprüft, um einen Überblick über die Entwicklung zu erhalten. Es ist eine (meist schriftliche) Überprüfung, in wieweit man seinem Ziel bereits näher gekommen ist. Die Aufgabe des Monitoring besteht darin, seinen Tagesablauf bewusst zu beobachten und seine Erfolge, aber auch Misserfolge, zu fixieren. Somit wird dir bewusst, was an dem Tag gut lief und an welcher Schraube noch nachjustiert werden muss. Das ermöglicht dir täglich, an deinem Optimierungs-Bereich zu arbeiten. Auch deine Erfolge und Fortschritte kannst du dadurch erkennen. Wir empfehlen dir, das Monitoring jeden Tag in schriftlicher Form durchzuführen. So können die Erfolge gut nachvollzogen werden.

Warum ist es wichtig, sich die Erfolge vor Augen zu führen? Wir gewöhnen uns besonders an positive Dinge, die schnell als selbstverständlich angesehen werden. Diese Selbstverständlichkeit verdrängt die Dankbarkeit für erfolgreich geleistete Dinge im Leben. Das Monitoring schenkt dir also ein Bewusstsein für deine bereits erzielten Erfolge.

Alternativ kannst du dein persönliches Monitoring auch mit einem Mentor durchführen. Die Aufgabe des Mentors ist es dabei, sich regelmäßig mit dir auszutauschen, um dir eine konstante Rückmeldung über deine Entwicklung zu geben. Möglicherweise kommen durch den Austausch mit deinem Mentor noch weitere Ideen zustande, die zur positiven Entwicklung beitragen, oder er lobt dich einfach nur für deine bisherige Leistung – was dir natürlich einen zusätzlichen Motivationsschub gibt. Solltest du auf einen Mentor mit Erfahrung zurückgreifen wollen, darfst du gerne auf uns zukommen. Dieses und weitere Angebote findest du auf unsere Homepage unter www.gewohnheit-coaching.de

Gewohnheit	1. Tag	2. Tag	3. Tag	4. Tag	5. Tag	6. Tag	7. Tag
Kein Zucker gegessen	X	X	X	X	X	X	X
2 Liter Wasser getrunken	X		X	X	X		
Buch gelesen		X	X	X	X	X	X
Englisch gelernt	X	X	X		X	X	X

3) Belohnungen

Zum Abschluss dieses Kapitels kommen wir noch einmal auf das Belohnungssystem zu sprechen. Aus dem Gewohnheits-Kreislauf kennen wir bereits die Funktion der Belohnung, die auf eine Handlung folgt.

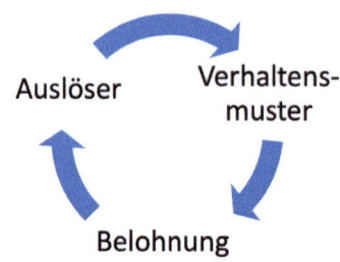

Mit einer "weiteren" Belohnung möchten wir dir einen zusätzlichen Anreiz anbieten, um deine neue Gewohnheit leichter ins Leben zu rufen.

Weil einige Menschen zu Anfang die Belohnung ihrer neuen Gewohnheit nicht intensiv genug spüren oder sehen können, kann man ein weiteres, vorgelagertes Belohnungssystem einführen. Dies kann dir (gerade zu Beginn) dabei helfen, dich weiter zu motivieren und eine Gewohnheit zu etablieren. Langfristig wirst du in der Regel jedoch deine Gewohnheit auch ohne zusätzliches Belohnungssystem meistern, denn es wird mit der Zeit immer leichter, mit deiner Gewohnheit am Ball zu bleiben.

Sobald du das Belohnungssystem im Detail kennst, wende es bewusst für deine Zwecke an und nutze es!

Wie bereits so oft in diesem Buch, erklären und verdeutlichen wir unsere Aussage anhand eines Beispiels.

Viele von uns kennen es: Eine herausfordernde Arbeit ist erledigt und wurde gut gemeistert. Für einige Menschen wird nun eine Belohnung fällig. Eventuell hast du dich in der Vergangenheit mit einem Einkaufsbummel, einem leckeren Essen, etwas Entspannung oder einem Kurztrip übers Wochenende belohnt. Es kann aber auch sein, dass du mit Belohnungen nicht "so viel am Hut" hast. Das liegt vielleicht daran, dass du mit deinem Alltag bereits zufrieden bist, und das eigentliche Tun für dich Belohnung genug ist. Es kann aber auch sein, dass deine Leistung für dich etwas Selbstverständliches ist, was deines Erachtens keine Belohnung verdient. Sicher gibt es noch viele andere Gründe, die für oder gegen Belohnungen sprechen.

Unabhängig davon, ob Menschen sich bewusst belohnen oder nicht: Unterbewusst spielen Belohnungen bei jedem Menschen eine wichtige Rolle. In unserem Gehirn finden zumeist unbewusste Belohnungsprozesse statt. Diese beeinflussen unsere Handlungen und Entscheidungen. Das passiert, indem man bei Belohnungen ein Hochgefühl oder ein

Wohlbefinden erlebt. Durch diese Erfahrung werden wir immer wieder dazu animiert, diese Handlungen zu wiederholen. Das kann zum Beispiel sein, eine Aufgabe erledigt zu haben, ein Kompliment zu erhalten, es kann aber auch etwas besonders Leckeres zu essen sein.

Hat man erst einmal dieses Hochgefühl erlebt, strebt man nach einer Wiederholung. Für das Hochgefühl in unserem Gehirn ist ein Neurotransmitter verantwortlich, der sich Dopamin nennt. Neurotransmitter sind Botenstoffe in unserem Gehirn. Der Botenstoff Dopamin wird freigesetzt , wenn wir uns besonders gut fühlen, etwas Schönes erleben oder auch nur daran denken, in Kürze etwas Erfreuliches zu erleben. Das bedeutet, um so öfter man ein Hochgefühl erlebt, desto öfter wird Dopamin ausgeschüttet. Dieser Vorgang motiviert uns, die Handlung dauerhaft zu wiederholen. Nachdem wir nun erklärt haben, wie das Hochgefühl im Gehirn entsteht, müssen wir nur noch herausfinden, welche Handlung diese Ausschüttung hervorruft.

Allein der Gedanke an eine schöne Handlung kann dieses Hochgefühl auslösen. Welche Handlung zu einem Wohlgefühl führt, ist bei jedem Menschen unterschiedlich. Es gibt diverse Gründe, die für die Ausschüttung des Glückshormons verantwortlich sind. Des Weiteren variiert ebenso die Menge des Dopamins. Wie viel Stoff ausgeschüttet wird, bestimmt der Belohnungswert. Konkret bedeutet das, dass auch die Handlung die Menge der Produktion des Glückshormons beeinflusst. Sollte die alte Gewohnheit einen höheren Belohnungswert haben als die neue, steigt die Wahrscheinlichkeit des Scheiterns.
Mit anderen Worten: Wenn du bei der Ausübung einer alten Gewohnheit mehr Dopamin ausschüttest, steigt die Wahrscheinlichkeit, dass du diese auch nicht änderst.
Auf Grund dieser Erkenntnis sollte man in Erwägung ziehen, ein zusätzliches Belohnungssystem für die neue Gewohnheit einführen. Wie kann das aussehen? Das können bereits kleine Dinge sein.

Ein Beispiel: Nach Durchführung der Gewohnheit legt man jedes Mal einen kleinen Geldbetrag in eine Spardose. Wenn du dir zum Beispiel eine Uhr oder besondere Schuhe kaufen möchtest, kannst du die Kosten auf eine gewisse Anzahl der "Belohnungs-Zahlungen" verteilen. Möchte sich jemand für 1.000 Euro eine besondere Uhr kaufen und diese in einem Jahr besitzen, sind ca. 3 Euro für die gelungene Umsetzung der neuen Gewohnheit pro Tag zu berücksichtigen. Somit verwendet man mehrere Belohnungssysteme: Zum einen, die neue gewünschte Gewohnheit in Verbindung mit dem Wohlgefühl, etwas gemeistert und geschafft zu haben; zum anderen die Freude auf die Belohnung selbst.
Wir kombinieren also dein Belohnungssystem.
Damit begegnet man seinem alten Belohnungswert mit einer geballten Ladung an Glückshormonen.

Als weiteres Beispiel könntest du dir jede Woche einen Kaffee oder einen Kuchen in Deinem Lieblingscafé genehmigen, wenn du eine Woche lang täglich meditiert hast.

Werde kreativ! Was kann dir als Belohnung dienen?

Zusammenfassung:

Gewohnheiten sind kein Sprint, sondern ein Marathon.
Folgende drei Aspekte helfen dir dabei, auch langfristig die Flamme am Leben zu erhalten:

1) Das "Warum" verstärken
Gewohnheiten zeigen ihren Effekt erst nach einigen Jahren, und deshalb ist es wichtig, vorausschauend zu denken. Stell dir lebhaft vor, wie du dich langsam, aber sicher in den nächsten 20 Jahren entwickelst, wenn du deine Gewohnheiten *nicht* veränderst. Stell dir im Anschluss daran vor, welche Person du in 20 Jahren sein wirst, wenn du deine Gewohnheiten *tatsächlich* änderst.
Wie wirst du dich fühlen, wie wirst du aussehen, wie werden dich andere wahrnehmen, welche Resultate wirst du erzielt haben?

2) Habit Tracker
Behalte deine Fortschritte im Auge. Führe ein Tagebuch, nutze eine App oder lege eine Strichliste an, um einen genauen Überblick zu bewahren, wie sich deine Gewohnheit entwickelt. Das gibt dir zum einen Motivation, aber zum anderen auch eine gewisse Verbindlichkeit.

3) Belohnungen
Die Belohnung ist ein fundamentaler Aspekt des Gewohnheits-Kreislaufs.
Belohne dich für deine Fortschritte. Somit steigerst du die Wahrscheinlichkeit, dass du deine Gewohnheit auch in Zukunft weiterführen wirst.

Schlusswort

Dieses Buch lieferte dir nun mehr Informationen, als du tatsächlich benötigst. Die Methoden und Hilfsmittel allein werden dir aber nicht weiterhelfen.
Die Anwendung ist dabei der Schlüssel zum Erfolg.

Wenn du ein Schiff besitzt, ohne ein Ziel vor Augen zu haben und auch niemanden, der das Schiff steuern kann, hilft es dir überhaupt nicht weiter. Entweder wirst du an einem Ort ankommen, der dir nicht gefällt, oder du wirst dich im schlimmsten Fall sogar verirren.

Dieses Buch gibt dir eine praktische Anleitung dafür, selbst Kapitän und Richtungsgeber deiner eigenen Gewohnheiten zu sein. **Nimm das Steuer in die Hand und wende das Wissen an, welches du hier gelernt hast.** Sei dir bewusst, dass das Lesen dieses Buches keine Freikarte für deine Veränderung ist. Jetzt geht's erst richtig los.

Aus all den Gewohnheits-Coachings, die wir beide jemals durchgeführt haben, erkannten wir *einen wichtigen Erfolgsfaktor* ganz klar; nämlich eine Entscheidung, mit der es bis jetzt noch jedem Klienten gelungen ist, eine Veränderung vorzunehmen:

Ich bleibe am Ball, egal was kommt.

Der nächste Schritt für dich:
Im Anhang findest du die Strategien von Sophia, Ben, Leon, Theresa und Noah, die für deren Veränderung ihrer Gewohnheiten erfolgreich waren.
Hier wirst du sehen, dass nicht jeder alle Strategien verwendet hat.

Erinnere dich: Dieses Buch ist wie eine Bibliothek: Du nimmst die Informationen und "Bücher" mit, welche für dich interessant und hilfreich sind.
Den Rest lässt du einfach stehen.

Betrachte diese 5 Beispiele als Inspiration und fertige direkt danach deine eigene, finale Strategie an. Stelle sicher, dass deine Strategie übersichtlich gestaltet ist. Weniger ist oft mehr!

Wenn du Hilfe, Anregungen und Inspiration benötigst, steht dir unsere Website **www.gewohnheit-coaching.de** zur Verfügung.

Hier findest du auch weitere wertvolle Informationen sowie unsere Coaching-Angebote.

Damit bieten wir dir die größtmögliche Hilfe an, um dein Ziel sicher zu erreichen und wünschen dir dabei heute schon viel Erfolg!

Richard Walz und Marco Sander

Sophia

Achtsam und Fokussiert

Nach dem Aufstehen meditiere ich jeden Morgen 20 Minuten

Huckepack (10.1)

Kontrolle

Einstellung

Umfeld

Vorbereitung (10.1)

Abends den Meditations-sitz vorbereiten

Abends ein Glas Wasser neben dem Bett platzieren

Wecker auf 7 Uhr stellen

5-min Regel: (10.2) Zumindest 5 Minuten meditieren und danach entscheiden, wie es weitergeht

Zukunfts-Visualisierung (12.2)

Einladende Meditations-ecke schaffen (11.2)

Samstagmorgen mit Freunden meditieren (11.1)

Ich erzähle meinen 3 besten Freunden davon (11.1)

Bei versäumten Meditationstagen: 5 Euro an eine Organisation spenden, die ich nicht mag (11.1)

Ben

Erholung und Energie

Abends spätestens um 11 Uhr ins Bett gehen

Wenn-dann-Strategie: (10.1)
"Wenn ich mich abends zu meiner Frau auf die Couch setze, um mit ihr fern zu sehen, dann stelle ich mir den Wecker auf eine Stunde und werde danach ins Bett gehen und schlafen."

App für´s Handy runterladen, welche abends das Blaulicht blockiert (11.2)

Playstation verkaufen (11.2)

Habit Tracker (12.2) Buch führen

Montag – Freitag um 7 Uhr aufstehen

Abends im Bett 1x den Morgen visualisieren (8)

Abends im Bad die Kleidung für den nächsten Morgen bereitlegen (10.1)

Wecker mit Lieblingslied auf 6:55 stellen (10.1)

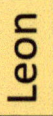

Leon

Leichtigkeit ausstrahlen – sich gesund und fit fühlen

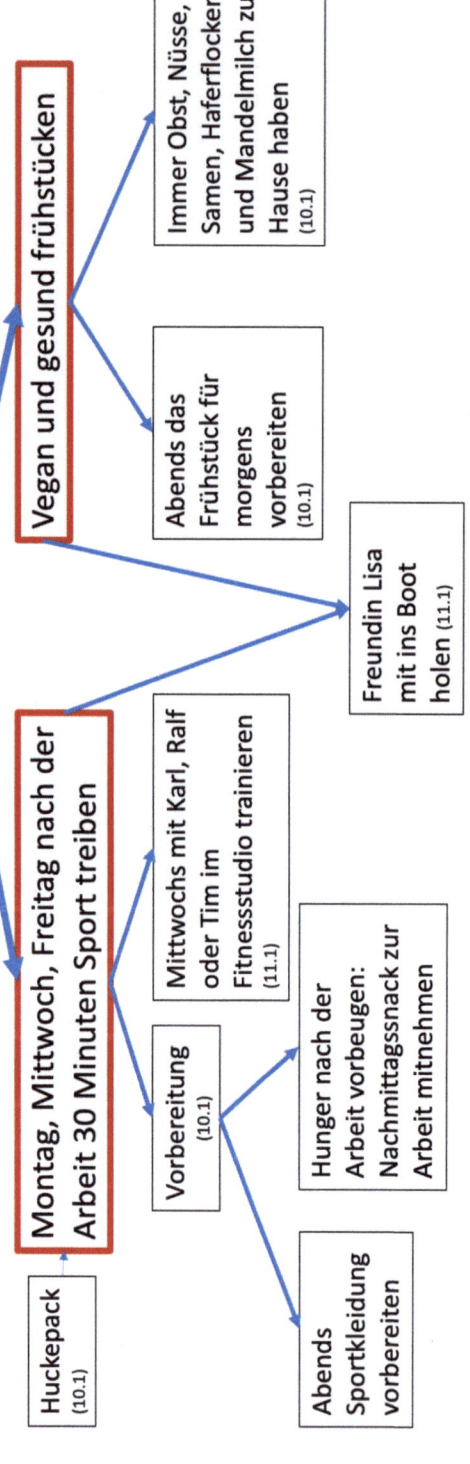

Vegan und gesund frühstücken

Immer Obst, Nüsse, Samen, Haferflocken und Mandelmilch zu Hause haben (10.1)

Abends das Frühstück für morgens vorbereiten (10.1)

Freundin Lisa mit ins Boot holen (11.1)

Montag, Mittwoch, Freitag nach der Arbeit 30 Minuten Sport treiben

Mittwochs mit Karl, Ralf oder Tim im Fitnessstudio trainieren (11.1)

Vorbereitung (10.1)

Hunger nach der Arbeit vorbeugen: Nachmittagssnack zur Arbeit mitnehmen

Abends Sportkleidung vorbereiten

Huckepack (10.1)

Effektivität aufleben + Energie ausstrahlen

Um 8 Uhr 1 Stunde lang Bücher lesen (Montag-Freitag)

Huckepack (10.1)

Mentorentechnik (10.2)

Nicola, welche mir bedingungsloses Vertrauen schenkt

Wenn-Dann-Strategie: (10.1)
"Wenn ich mich im Laufe des Tages müde und kraftlos fühle, dann gehe ich 10 Minuten spazieren, um den Kopf frei zu bekommen".

Loslassen (10.2)

1x die Woche Auszeit planen:
- Mit Freunden spazieren gehen
- Sauna
- Grillen
- Fahrrad fahren
- Wandern

Am Abend davor vorbereiten: (10.1)
- Entscheiden, was gelesen werden soll (klare To-Do Liste)
- Arbeitsplatz herrichten
- Lerngruppe anschreiben

Noah

Gesund und fit fühlen + lange leben

Achtsames Durchatmen als Stress-Bewältigungsmechanismus
(anstatt zu rauchen)

Umfeld

Wenn-dann-Strategie: (10.1)
"Wenn ich von der Arbeit nach Hause komme und das Bedürfnis nach einer Zigarette verspüre, dann gehe ich direkt und ohne zu zögern eine Runde joggen, um den Kopf frei zu bekommen."

Mentorentechnik: (10.2)
Imaginäre Tochter steht neben mir und sagt:
"Papa rauche bitte nicht. Ich möchte, dass du mein Vorbild bleibst und nicht so früh stirbst."

Freunde ins Boot holen: (11.1)
Damit mir zumindest keine Zigarette mehr angeboten wird und man eventuell das Rauchen in meiner Gegenwart meidet:
-> Gespräch führen

Beim Umziehen darauf achten, dass die Wohnung möglichst weit weg von Zigarettenangeboten liegt (11.2)

Notizen

Notizen

Notizen

Notizen